D1055640

LOUIS HÉMON

LETTRES
À SA
FAMILLE

DANS LA MÊME COLLECTION

Nicole Deschamps, *Sigrid Undset ou la Morale de la passion,*
1966

Bernard Beugnot, *Jean-Louis Guez de Balzac. Bibliographie
générale,* 1967

René de Chantal, *Marcel Proust, critique littéraire,* 2 vol.,
1967

NICOLE DESCHAMPS

LOUIS HÉMON

LETTRES À SA FAMILLE

AVRIL 1968
LES PRESSES DE L'UNIVERSITÉ DE MONTRÉAL
C.P. 6128, MONTRÉAL 3, CANADA

Il a été tiré de cet ouvrage cent exemplaires sur papier
Byronic Text Laid de Howard Smith numérotés de
1 à 100.

L'édition commerciale a été imprimée
sur papier Rolland Zéphyr Antique

INTRODUCTION

Rien, sans doute, n'amuserait plus Louis Hémon que de savoir sa correspondance avec sa famille livrée à la publication, classée, annotée, accompagnée d'une introduction et d'un index, immortalisée jusque dans ses fautes d'orthographe. Quel sujet d'ironie de voir aujourd'hui le fils rebelle d'un inspecteur général de l'Instruction publique[1] entrer à l'université, non pas à cause de quelques savants travaux, mais par les plus spontanés de ses écrits! La postérité littéraire a oublié les œuvres érudites de Félix Hémon; elle a retenu jusqu'aux cartes postales du garçon de ferme de Péribonka. C'est grâce à la gloire posthume de son mouton noir que la famille Hémon, jadis célèbre au palmarès des universités françaises, continue à vivre dans le souvenir de ceux qui font métier d'étudier la littérature.

L'ensemble des lettres que nous publions est inédit et comprend, à ce jour, le seul témoignage personnel que Louis

---

1. Félix Hémon, né à Quimper le 30 septembre 1848 et mort à Paris le 10 novembre 1916, fit une brillante carrière d'universitaire. Agrégé en 1873, il est envoyé au lycée de Bourges, puis successivement à Rennes (1875) et à Brest (1878). Nommé à Paris en 1882, il enseigne aux lycées Charlemagne et Louis-le-Grand et devient, en 1895, inspecteur de l'Académie de Paris, puis, en 1903, inspecteur général de l'Instruction publique. Il publie un *Cours de Littérature française* (chez Delagrave, 1889-1907) et diverses études dont l'une sur La Rochefoucauld et une autre sur Bersot. Durant sa jeunesse, il avait correspondu avec Victor Hugo et Mistral et, en 1889, Armand Fallières l'avait choisi comme chef de cabinet.

Hémon ait laissé de sa vie privée[2]. C'est beaucoup et c'est peu. Si on la compare à celle d'autres écrivains du vingtième siècle, Claudel, Gide, Valéry, Miller, Durrell, cette correspondance risque d'étonner par son laconisme et son apparente banalité. En moins de deux cents lettres et cartes postales, elle révèle cependant un tempérament d'une extrême réserve et laisse soupçonner dans quel désert physique, intellectuel et moral a vécu le mystérieux auteur de *Maria Chapdelaine*[3].

La courte vie de Louis Hémon n'est qu'une suite de déplacements imprévisibles, de voyages, de déménagements, de volte-face, de brusques changements d'orientation, une suite de « disparitions », comme l'écrira Daniel Halévy[4]. Les hasards de la carrière de son père, alors professeur de lycée, font qu'il naît à Brest, le 12 octobre 1880, plutôt qu'à Quimper, berceau de la famille ou à Paris, où ses parents s'installeront par la suite. Il étudie le droit qu'il ne pratiquera jamais. Rêvant de partir pour l'Asie, il s'inscrit à l'École des langues orientales vivantes afin de préparer son entrée à l'École coloniale. Admissible pour l'Afrique, il abandonne l'idée d'aller aux colonies et s'oriente plutôt vers l'Angleterre où il sera tantôt étudiant-touriste, tantôt *commercial clerk*[5], c'est-à-dire écrivain solitaire et besogneux. Il s'entraîne à toutes sortes de

---

2. Un article de Jacques de Marsillac dans *Samedi-Soir,* 18 novembre 1950, fait allusion à certaines lettres qu'il aurait reçues de Hémon. A notre connaissance, ces lettres n'ont jamais été publiées.
   Quant au portrait de lui-même que Louis Hémon esquisse dans *le Vélo* du 8 mai 1904, il serait exagéré d'y attacher de l'importance. Il s'agit d'un texte humoristique de quelques lignes, rédigé en style télégraphique.

3. Les principales études sur la vie de Louis Hémon sont le célèbre article de René Bazin, intitulé « L'auteur de *Maria Chapdelaine* », paru dans *la Revue des Deux Mondes,* le 1er octobre 1921, la thèse d'Allan McAndrew, *Louis Hémon, sa vie et son œuvre* (Paris, Jouve, 1934), et la thèse d'Audrey Freeman, *le Canada de Louis Hémon et sa destinée littéraire,* présentée à la Faculté des lettres de l'Université de Paris pour le doctorat d'université, en 1951. L'étude d'Audrey Freeman est, de loin, la plus complète.

4. Préface de *Battling Malone,* recueil de nouvelles de Louis Hémon, Paris, Grasset, 1925, p. xv. Plusieurs critiques ont repris cette idée. C'est aussi notre façon d'interpréter le destin de Hémon, comme nous l'avons esquissé dans *Études françaises* de février 1967.

5. Lorsqu'il doit remplir des fiches d'état civil, Louis Hémon désigne ainsi son emploi. Renseignement donné par Allan McAndrew, *op. cit.,* p. 39.

sports, mais la pratique intensive de la boxe, de la natation ou du canotage ne lui fournit que des sujets d'articles ou de nouvelles. Romancier, il se tient en marge des milieux littéraires et publie ses premières œuvres dans des journaux sportifs. Amant malheureux de Lydia O'Kelly, une Irlandaise appartenant au monde du spectacle, et père d'une petite fille, née à Londres le 12 avril 1909, il quitte la mère et l'enfant pour venir au Canada où la légende lui invente un amour avec Éva Bouchard, modèle supposé de Maria Chapdelaine[6]. Son séjour au Québec, qu'on serait porté à réduire aux quelques mois durant lesquels il vit à Péribonka chez les Bédard, l'amène, en fait, à voyager en tous sens et à tâter de plusieurs métiers. La mort le surprend après un nouveau départ et sa dernière lettre, qu'il serait facile d'imaginer comme une espèce de testament, n'est qu'un laconique itinéraire.

Lorsqu'il est renversé par la locomotive 1226 du Canadian Pacific Railway, à 19 heures 20, le 8 juillet 1913, à Chapleau, dans les solitudes du nord de l'Ontario, Louis Hémon est un étranger inconnu, au même titre que le malheureux Harold Jackson qui l'accompagnait et qui fut victime, lui aussi, de l'accident. On réussit à établir son identité grâce à un récépissé portant son nom et l'adresse de ses parents[7]. Avant de quitter Montréal, Hémon avait envoyé le manuscrit de *Maria Chapdelaine* au journal *le Temps* et il en avait adressé la copie à sa famille, comme nous l'apprend sa dernière lettre.

Du 27 janvier au 19 février 1914, *Maria Chapdelaine* paraît en feuilleton dans *le Temps,* par suite de la recommandation du lecteur qui avait apprécié le manuscrit en ces termes :

---

6. Cf. Damase Potvin, *le Roman d'un roman*, Québec, Editions du Quartier Latin, 1950, p. 91-99.

7. Il s'agit vraisemblablement du récépissé pour l'envoi de *Maria Chapdelaine,* comme semble le confirmer ce passage d'une lettre du 11 juillet 1913 adressée à Félix Hémon par un représentant du Canadian Pacific Railway : « I obtained your address from a receipt for a registered letter which he [Louis Hémon] had evidently sent you from Montreal on the 26th of June, 1913 ». Ce témoignage diffère toutefois de celui du docteur Sheahan qui a établi le certificat de décès et qui écrit à Félix Hémon, le 20 janvier 1914 : « I examined the clothing for identification and secured an old letter which identified your son. The letter had been written from Paris, France, and the writing was indistinct, hence my mistake [le certificat de décès avait été établi au nom de H. Leamon]. »

« Charmant récit, écrit d'une langue alerte et facile. De l'intérêt, de la grâce. L'auteur décrit avec sympathie la rude existence des paysans canadiens, leur lutte incessante avec les éléments, le froid terrible, la terre hostile, la solitude effrayante des grands bois, — les simples événements de leurs vies primitives, joies et douleurs, mariages et deuils. »[8] Deux personnes remarquent ce récit et orientent involontairement sa destinée : en France, la mère de Daniel Halévy y pressent un chef-d'œuvre et le signale à son fils; au Canada, Louvigny de Montigny y voit un « modèle de littérature *canadienne* »[9] et s'empresse de chercher un moyen de le faire éditer à Montréal. Après mille difficultés et grâce à l'appui du gouvernement du Québec[10], *Maria Chapdelaine* paraît enfin, en 1916, accompagné de deux préfaces, l'une, canadienne, rédigée par Louvigny de Montigny, l'autre, française, écrite par Émile Boutroux. Cet événement suscite peu d'intérêt littéraire mais soulève d'innombrables complications. En choisissant *Maria Chapdelaine* pour lancer la série des « Cahiers verts »[11], Daniel Halévy arrache le roman aux circonstances défavorables et le situe comme une œuvre littéraire de qualité. Pour Louis Hémon, c'est le début d'une incroyable célébrité.

Le succès de *Maria Chapdelaine* fait parfois oublier qu'il existe d'autres œuvres de Louis Hémon : ses récits londoniens, les fragments d'un journal et ses articles sportifs. Après *Maria Chapdelaine, la Belle que voilà* (1923), *Colin-Maillard* (1924), *Battling Malone* (1925) et *Monsieur Ripois et la Némésis* (1951) paraissent successivement chez Grasset. Ces livres, écrits en Angleterre, sont tirés de nouvelles déjà publiées dans les journaux ou de manuscrits refusés que Hémon avait envoyés dans sa famille. Sous le titre français, *Au pays de*

---

8. Georges Montorgueil, « L'auteur de *Maria Chapdelaine* au *Temps* », dans *le Temps,* 6 août 1925, p. 3.

9. Préface à *Maria Chapdelaine,* Montréal, J.-A. Le Febvre, 1916, p. 1. C'est l'auteur qui souligne.

10. Dans une lettre du 10 juin 1916, Louvigny de Montigny annonce à Félix Hémon que le gouvernement du Québec achètera « 200 exemplaires de *Maria Chapdelaine,* à $1 l'exemplaire », ce qui a finalement décidé l'éditeur à accepter les risques de la publication.

11. Paris, Grasset, 1921. Bernard Grasset racheta pour 2 000 francs les droits que Payot détenait alors sur *Maria Chapdelaine.*

Québec[12], il existe également les fragments d'un récit de voyage dont Hémon avait soumis le projet à Grasset, en 1912. Quant aux articles sur le sport, ils demeurent épars dans divers journaux.

Hémon n'aimait pas se raconter. Écrire des lettres semble avoir été pour lui tantôt une corvée dont il s'acquitte envers les siens comme d'une nécessité ou d'un devoir de politesse, tantôt une bouffonnerie qui ne prête pas à conséquence, plus rarement une affirmation de lui-même l'opposant ouvertement à sa famille. Lorsqu'il s'adresse à sa mère, Hémon cherche surtout à rassurer. Il esquive les questions, les reproches, les attendrissements et les sujets sérieux. Avec sa sœur, il déchaîne une drôlerie railleuse qui devient, par effet d'accumulation, une charge contre son milieu d'origine. Seules les réponses à certaines lettres de reproches de son père laissent deviner une fermeté qui n'est pas sans noblesse[13].

---

12. *Au pays de Québec,* publié en appendice au livre de L.-J. Dalbis, *le Bouclier canadien-français* (Paris, Spes, 1928, p. 225-280), parut d'abord dans la traduction anglaise de William Aspenwall Bradley, sous le titre *The Journal of Louis Hemon* (New York, Macmillan, 1924).

13. La probité de Hémon envers ses employeurs s'exprime de la même façon, comme semble le montrer cette lettre, adressée à M. Collantier à la suite d'une démarche que celui-ci avait faite auprès de Félix Hémon :

> 50 Harrington St.
> London, N.W.
> 2 Janvier 1911

Monsieur G. Collantier,

Mon père me transmet votre lettre en date du 30 décembre.

Je veux bien supposer que son contenu a été écrit de bonne foi, et prendre vos affirmations l'une après l'autre.

(*a*) « Votre fils était mon représentant, il ne devait pas mettre d'agent en son lieu et place ... »

1. Le traité stipulait au contraire expressément que je devais m'occuper de la vente « soit personnellement soit par voyageurs ».

2. Votre maison de Londres a été dès le premier jour tenue au courant des faits et gestes de ce voyageur et à plusieurs reprises a traité directement avec lui.

3. Enfin vous reconnaissez vous-mêmes [*sic*] officiellement et son existence et ses rapports avec vous il y a quinze jours à peine, lorsque pour l'action intentée par vous contre l'acheteur COLINA le 20 décembre à la Westminster County Court, vous convoquiez comme témoin pour vous, et en dehors de moi, ce voyageur, qui ne s'est pas présenté. J'étais, moi, présent.

(*b*) « Votre fils nous annonce la disparition de son agent, et aussitôt

Cette correspondance a manifestement été rédigée sans le souci de l'effet à produire sur les générations littéraires à venir. Il ne s'y trouve aucune future page d'anthologie dans laquelle tout homme de lettres, sous prétexte d'écrire à une personne aimée, définit sa conception de l'art, dit comment il travaille, précise les circonstances qui l'ont inspiré et apprécie ses propres œuvres en les comparant à celles de ses contemporains. On connaît à Louis Hémon un seul correspondant dans le domaine des lettres, Jacques de Marsillac, et il parlait rarement de littérature avec sa famille. Par ailleurs, son œuvre étant véritablement posthume, le romancier eut peu à discuter avec les éditeurs et il ne connut jamais ni ses critiques ni ses admirateurs. Si jamais l'on devait découvrir à Hémon la moindre coquetterie d'auteur, il faudrait la chercher dans ses silences plutôt que dans ses écrits.

---

après nous passe une commande, *assurant que ce client était solvable . . . »*

Je vous faisais part de la disparition de ce voyageur (Watts) le 5 août. La seule commande qui soit parvenue après cette date est celle de F. & A. Goodman, maison (la seule de toutes celles dont il a été question à Londres) qui avait été visitée par un autre voyageur (E.C. Tibble, 154 Manor Street. Clapham S.W.).

Mes « assurances » consistaient à dire (10 août) « Vous pouvez envoyer cette commande sans autre avis *si vous obtenez paiement pour le premier lot* ».

(*c*) « Une victime, comme votre fils prétend l'être, devait rester à son poste . . . »

Je vous ai donné, non pas ma démission comme vous le dites, mais avis de mon intention de ne pas renouveler le traité lors de son expiration, et cela plus d'un mois avant cette expiration, mois pendant lequel je serais évidemment resté en rapports [*sic*] avec vous pour vous aider de toutes manières. C'est vous — il vous est commode de l'oublier — qui le 26 août disiez : « A partir de la date ci-dessus (26 août) vous cessez d'être mon représentant. »

Quant à votre opinion que « seul, un tribunal peut en connaître » je n'ai aucune objection à faire à cela.

Il est curieux que, étant de cet avis, vous ayez attendu quatre mois sans rien faire, que des tentatives récentes d'intimidation — qui pourraient aisément être qualifiées d'un autre nom — auprès de personnes totalement étrangères à cette affaire et qui ne savent pas ce qui s'est passé.

Ce qu'il vous [faut] savoir de suite [*sic*], c'est qu'aucune tierce personne, de ma famille ou non, ne vous paiera un centime pour vous dédommager de pertes causées par des risques commerciaux que vous avez volontairement encourus, et dont vous cherches [*sic*] maintenant à vous décharger.

Pour en finir, puisque vous dites être arrivés [*sic*] à la conviction que je puis être « cité devant un tribunal correctionnel *ou autre* » (sic) je vous mets formellement en demeure, par la présente lettre, d'agir en conséquence, ou de vous taire.

L'intérêt de cette correspondance vient donc en partie de ce qu'elle laisse deviner. Cela est vrai de la majorité des lettres dont le caractère enjoué, la légèreté, l'humour, voilent de graves soucis d'ordre personnel, et dont l'ironie pourrait masquer une conception assez pessimiste de la société. Il est douteux que Louis Hémon échappe jamais tout à fait à sa légende. Si discrète qu'elle soit, sa correspondance permet cependant d'établir certains faits qui dissipent le vague des conjectures et rendent possibles les interprétations. Enfin, on pourrait y trouver un témoignage désinvolte de la conscience lucide et désespérée de la bourgeoisie française sous la Troisième République.

Quelle est-elle, cette « belle époque » durant laquelle Hémon écrit plus ou moins régulièrement à sa famille ? À Paris, l'affaire Dreyfus et la séparation de l'Église et de l'État forment la trame quotidienne de la vie politique. Ce n'est pas assez de dire que les journaux sont remplis de commentaires sur ces importantes questions : elles sont discutées à table et dans les bistrots, entre parents et amis. En Angleterre, c'est la guerre du Transvaal, la mort d'Édouard VII, l'agitation des suffragettes. Partout en Europe commence à gronder l'orage qui éclatera en 1914. Au Canada, après la défaite de Laurier, les conservateurs sont au pouvoir à Ottawa et les Québécois s'épuisent en vains discours. Hémon suit de loin et de haut les événements internationaux et ces diverses polémiques locales. S'il commente l'actualité, c'est ordinairement pour en rire ou pour affirmer qu'il s'en désintéresse. De son propre aveu, il n'a jamais pris la peine d'aller voter. Delcassé, Jaurès, nos luttes pour les écoles de langue française en Ontario et au Manitoba, tout l'ennuie également. Seuls, les rois d'Angleterre et les suffragettes l'amusent. Sans cesse, il minimise la portée des événements. À sa mère qui s'inquiète de la possibilité de l'éclatement d'une guerre, il rappelle que de semblables prophéties ont déjà été faites sans s'accomplir, ajoutant avec humour qu'après les rigueurs de l'hiver québécois, il se sent prêt à affronter les dangers d'une campagne militaire en Allemagne. On peut se demander quelle aurait été l'attitude de Hémon s'il avait réellement dû faire la guerre, lui qui n'avait

pris qu'un intérêt sportif au service militaire, ou bien s'il avait
été appelé, comme ses camarades de peloton, à tirer sur les
ouvriers parisiens.

En musique, en arts, l'époque est somptueuse. Hémon
a-t-il pu admirer les œuvres de Fauré, Debussy, Ravel, Matisse,
Dufy, Picasso ? Il ne va pas au concert, ce qui pourrait s'ex-
pliquer par le fait qu'il est un peu sourd, et il ne parle jamais
de peinture. Si, durant son séjour en Angleterre, il signale
une ou deux fois être allé au théâtre, il semble n'y avoir trouvé
qu'une occasion d'entendre de l'anglais. Ses lectures mêmes
demeurent un mystère. Avait-il lu Proust et Mallarmé, anglo-
philes comme lui ? Connaissait-il Bergson ? Que pensait-il
d'Anatole France ou de Maurice Barrès ? À Montréal, n'a-t-il
jamais entendu prononcer le nom de Nelligan ? On sait par
sa famille qu'enfant, il avait lu Jules Verne et Fennimore
Cooper et qu'adolescent, il avait aimé Victor Hugo jusqu'à en
réciter tout haut des passages dans sa chambre. Kipling, dont
il s'était plu à traduire certaines nouvelles[14], est peut-être son
maître. La correspondance nous apprend en outre qu'il lisait
abondamment les journaux et les revues d'actualité et qu'il
s'était intéressé d'une façon particulière au livre d'André
Savignon, *les Filles de la pluie,* qu'on découvre avec surprise
être la source littéraire, probablement unique, de *Maria Chapdelaine.* Ces quelques renseignements nous obligent à conclure
à l'isolement de l'artiste qui, malgré ses origines, semble n'avoir
eu que très peu de contacts, amicaux ou intellectuels, avec
les milieux artistiques et littéraires de son temps.

Les menus événements familiaux forment la trame de
la plupart des lettres : vacances, mariages, décès, promotions,
maladies, anniversaires, voyages. Spectateur détaché, Hémon
les commente sans chaleur, avec un humour qui n'est pas
toujours tendre. L'annonce d'un baccalauréat réussi ou d'un
mariage à venir suscite invariablement des plaisanteries ou
des sarcasmes. Les nouvelles concernant les nombreux déplacements, les promotions, les honneurs qui accompagnent la
carrière de son père sont accueillies avec un enjouement teinté
d'ironie. Il semble par ailleurs avoir éprouvé une sincère estime

---

14. L'une de ces nouvelles, *In the Pride of His Youth,* fut publiée dans
    la Revue de France, le 15 février 1923, p. 719-725.

pour son oncle Louis, alors vedette de la famille à cause de sa brillante carrière politique. Certes, il n'en dit rien explicitement mais le seul fait qu'il parle de lui fréquemment et sans raillerie pourrait le laisser entendre. De même, sa manière sobre et dépouillée de noter ses rencontres à Londres avec Jacques de Marsillac, Maurice Schmit ou son cousin Alain laisse transparaître l'amitié qu'il avait pour eux.

S'il a ses amis, dont un chien, Moïse, à qui il ne manque pas d'envoyer ses amitiés à l'occasion, il a aussi ses têtes de Turc : sa sœur Marie, qu'il appelle Poule et qu'il taquine sans cesse, et surtout ce pauvre Eugène Onfroy, un cousin éloigné dont il esquisse, à force de ridicule, un portrait franchement comique. Les amies de sa mère et de sa sœur sont jugées sans pitié. À sa mère, il envoie un jour une carte postale représentant une caricature des « Merry Wives of Windsor », accompagnée de ces mots : « Je te prie de dire à tes vieilles dames qu'elles s'occupent de leurs affaires et pas des miennes. Elles m'embêtent. »

Le sujet principal de ces lettres, il faut le dire, est l'argent. Hémon écrit aux siens pour en demander, en redemander, pour remercier de celui qu'il a reçu ou pour dire qu'il n'en aura désormais plus besoin. Il taquine sa sœur en faisant allusion aux valeurs fictives qu'elle possède, aux cadeaux « en or » qu'elle devrait pouvoir lui offrir à l'occasion des fêtes ou de son anniversaire. À Oxford où il fait divers séjours de vacances, durant son service militaire, puis à Londres où il occupe divers emplois, il semble avoir constamment manqué d'argent. Tant bien que mal, il s'accommode de cette dépendance. Dans la même lettre à son père, on le voit à la fois revendiquer son indépendance et solliciter de l'argent. Le fait que, malgré son travail rémunéré et ses goûts très modestes, Hémon n'ait pas réussi à subsister sans l'aide pécuniaire de ses parents, laisse rêveur sur le salaire que pouvait gagner un employé au début du siècle à Londres[15]. Plus tard, au Canada, la situation change. Parce qu'il s'est vanté de pouvoir désormais vivre sans puiser au trésor familial, Hémon prend mo-

15. Une lettre de Londres, datée du 5 juillet 1906 et envoyée par un futur employeur, informe Hémon qu'il recevra un salaire de 2 livres sterling par semaine.

mentanément figure d'Américain riche auprès de sa mère. Cette illusion, vite dissipée, ne peut que faire sourire quiconque a une idée de la situation économique au Québec avant la guerre de 1914.

L'hygiène par le sport est un autre thème fréquemment traité dans cette correspondance. On sait que depuis son adolescence, Hémon pratiquait plusieurs sports en amateur : natation, course à pied, boxe, canotage, cyclisme, etc. Selon McAndrew, il y aurait acquis une maîtrise, une force, un calme qui ne lui étaient pas naturels durant son enfance. L'importance qu'il attache, pour lui et pour les autres, au bien-être physique est immense. Il s'informe souvent de la santé des siens, il recommande le repos et les vacances au grand air de Bretagne comme le remède suprême. L'une des deux cartes postales adressées à sa fille de trois ans exprime avec tendresse le souhait qu'elle retrouve au plus tôt ses joues rondes, et les seules fois où il parle de Lydia O'Kelly trahissent l'inquiétude et la sollicitude. Des souffrances morales, il ne parle jamais en tant que telles. Après la mort de son frère Félix[16], il demande à sa mère si elle s'est remise de sa « fatigue »; après la mort de sa grand-mère, il souhaite que son père n'ait pas trop souffert « physiquement ». L'annonce de la maladie mortelle de son oncle Victor Doudet lui fait sèchement diagnostiquer un « régime défectueux » et un « manque d'exercice ».

Par ailleurs, ce n'est pas sans une certaine insistance qu'il qualifie sa propre santé de « florissante ». Il se vante de pouvoir supporter parfaitement le régime militaire, la vie sous la tente dans les forêts au nord de Péribonka, le climat pluvieux de Londres, la cuisine peu raffinée des Bédard. Dès qu'il a quelques jours de congé, il quitte Londres, à pied s'il le faut, pour la campagne ou la plage. Par-dessus tout, il attribue son bon équilibre, qu'il n'hésite pas à citer en exemple, au fait qu'il ne se préoccupe de rien. La formule « cela m'est égal » se répète comme un leitmotiv. L'ostentation qu'il met à paraître impassible finit par devenir suspecte. On peut se demander si Hémon ne trouvait pas dans l'épanouissement phy-

---

16. Félix Hémon, le frère aîné de Louis est mort à Brest, le 20 avril 1902, à l'âge de 27 ans.

sique une sécurité affective dont il avait absolument besoin, une façon peut-être d'endiguer une sensibilité trop vive.

Comme dans toute conversation familière, il est souvent question dans ces lettres du temps qu'il fait. On y voit évoluer les saisons. Le climat de Paris est jugé malsain, le printemps de Londres, maussade. Mais Hémon ne tarit pas d'éloges sur la salubrité de l'hiver québécois. Les gelées d'août, la neige de la Toussaint, les froids de janvier à Saint-Gédéon, le lac Saint-Jean et le fleuve Saint-Laurent qu'on traverse en traîneau, tout l'enchante. Un dimanche de janvier, il va même jusqu'à comparer le ciel d'hiver de Montréal au ciel d'Italie. Son enthousiasme pour le climat canadien souffre à peine des réserves qu'il fait sur les lenteurs du dégel et la présence rageuse des moustiques. Si la verve épistolaire de Hémon se réduit parfois à une chronique météorologique, il ne faut pas y voir qu'une simple incapacité à trouver rien de plus intéressant à commenter. On y découvre au contraire un véritable thème qu'on pourrait facilement apparenter au précédent et situer, comme lui, au nombre des préoccupations profondes qui affleurent dans toute son œuvre. Le personnage principal de *Maria Chapdelaine* n'est-il pas la nature ?

Les descriptions de lieux et de mœurs n'occupent qu'une place restreinte dans l'ensemble de la correspondance mais elles sont d'un grand intérêt. Hémon s'y montre à son meilleur, sensible au pittoresque dans ce qu'il peut avoir de plus attachant, de plus original ou de plus comique. La pension de Miss Swann à Oxford lui fournit de nombreux sujets de caricature. Il écrit alors d'abondance, faisant part de ses premiers étonnements à la découverte des habitudes anglaises. Plus tard, à Londres, l'attrait de la nouveauté étant passé, il retrouvera rarement cette veine. Il faudra attendre 1911 et son séjour au Canada pour le voir reprendre ses commentaires sur les lieux et les gens.

Il est naturel que Hémon ne s'attarde pas à décrire les villes européennes que ses parents connaissent déjà, et qu'il consacre de longues pages à noter ses observations sur le Canada. En général, ses impressions sont assez conformes à l'idée qu'un Québécois d'aujourd'hui se fait de son milieu durant les années précédant la guerre de 1914. Son réalisme un peu caustique est réconfortant. Hémon observe avec sympathie et juge sans complaisance. La rusticité de nos mœurs lui plaît mais il souligne la pauvreté de la langue parlée et il ridiculise la rhétorique de nos journaux. La poésie qu'il découvre à nos paysages et à nos façons d'être rejoint l'intuition de nos poètes, peintres et chansonniers contemporains. Quant à ses critiques, elles n'auraient sans doute pas été démenties, même en ce temps-là, par des témoins tels que Jules Fournier[17].

Enfin, on ne saurait terminer l'énumération des principaux sujets traités dans cette correspondance sans attirer l'attention sur le fait que son œuvre littéraire n'y tient qu'une place minime. Il est naturel que Hémon n'ait pas choisi ses parents comme confidents de ses amours et de ses difficultés. Il est plus étonnant qu'il ne parle pas de son œuvre. Craignait-il donc que son travail littéraire ne fût pas pris au sérieux ? Nulle part il ne laisse entendre qu'il passe ses temps libres à rédiger des nouvelles. Jamais il n'annonce le moindre projet de composition ou de publication. En janvier 1904, renseignés par des amis lecteurs du *Vélo,* ses parents découvrent qu'il a gagné un prix littéraire[18]. À compter de ce moment-là, sa famille lira fidèlement ce qui paraîtra de lui dans les journaux parisiens[19]. Aux questions qu'on lui pose, aux félicitations qu'on lui offre, il répond par ses habituelles cabrioles. À deux reprises, en quittant Londres pour le Canada et en quittant Montréal pour les provinces de l'Ouest, Hémon fait parvenir à l'adresse de ses parents mais, il insiste, à son nom, des manuscrits qu'il désigne sous le nom de « papiers d'affaires recommandés ». Pourquoi, alors qu'il est à Saint-Gédéon, se fait-il envoyer le manuscrit de *Monsieur Ripois et la Némésis ?* Nous ne le saurons pas plus que sa sœur à qui il se contente de répondre que son roman ne paraîtrait pas à Montréal et qu'il prie de bien se garder de lire ses autres écrits. Le titre même de *Maria Chapdelaine* n'apparaît pas une seule fois dans toutes les lettres que nous publions.

---

17. Jules Fournier (1884-1918) est un journaliste célèbre, fondateur de *l'Action* (1911-1916), reporter à *la Presse,* rédacteur au *Canada,* au *Nationaliste* et au *Devoir.*
18. Le titre de la nouvelle est *la Rivière* et le prix, une motocyclette.
19. *Le Vélo,* qui devient en 1905 *le Journal de l'automobile, l'Auto, le Journal* et *le Temps.*

Des textes originaux, nous avons éliminé tout juste quelques cartes postales sans intérêt. Nous en avons renvoyé un certain nombre en notes, voire en illustrations. Il nous a paru superflu de relever les passages des lettres et, à l'occasion, de leurs variantes, tels que cités dans les nombreuses études faites sur l'auteur de *Maria Chapdelaine*. Nous avons cependant indiqué soigneusement les passages publiés en 1948 par Marie Hémon[20] dans la revue *Liaison* et intitulés « Lettres de Louis Hémon », montrant les coupures qu'elle s'était permises, sans reproduire cependant les corrections d'orthographe et de ponctuation qu'elle avait faites.

En réaction, peut-être, contre ces libertés déjà prises dans la reproduction de certains fragments de la correspondance, notre projet initial avait été de reproduire, à la virgule près, les textes originaux. L'abondance des « sic » qu'il aurait fallu introduire nous en a vite dissuadé. Devions-nous, chaque fois que l'occasion s'en présentait, interrompre le lecteur pour lui signaler que Hémon oubliait les accents et les traits d'union? La spontanéité des lettres s'accommodait mal d'un appareil scientifique trop rigoureux. Nous avons rétabli les accents et les traits d'union (il en manquait beaucoup), nous avons uniformisé sous l'abréviation courante « f » le mot « franc » qu'on trouve abrégé de toutes les façons imaginables, nous avons francisé, sauf dans les en-têtes, les noms de mois que Hémon accompagne toujours d'une majuscule, à l'anglaise. Dans la majorité des cas, nous avons respecté la ponctuation originale. Cependant, nous avons systématiquement remplacé l'emploi abusif des tirets par des virgules ou des points. Là s'arrêtent les corrections que nous ne signalons pas en cours de texte.

Notre principale difficulté a été d'établir la chronologie. Hémon ne date pas ses lettres, ou bien il les date de façon erronée ou incomplète. Des enveloppes et des cartes postales oblitérées nous ont permis de situer certaines lettres sans la moindre hésitation. Dans un très petit nombre de cas, nous avons dû nous résigner à proposer une date conjecturale. Restent

---

20. Après la mort de son père (1916) et de sa mère (1945), Marie Hémon devint, par la force des choses, la seule gardienne des écrits de son frère ainsi que la mère adoptive de sa fille, née en Angleterre en 1909.

les lettres dans lesquelles la date s'accompagne d'un luxe de renseignements : en-tête imprimé ou bien adresse inscrite au complet. Londres s'appelle parfois Londres et parfois London, et il est fréquent de voir s'embrouiller les usages français et anglais. On trouve même cette création en authentique « franglais » : Décember. Une telle fantaisie méritait d'être retenue. Voilà pourquoi nous avons laissé aux en-têtes leur caractère original.

Ce que nous avons dit de l'établissement du texte même vaut aussi pour les notes. Un étalage d'érudition eût facilement dénaturé le caractère simple et secret de cette correspondance. Certes, il eût été intéressant de pouvoir situer chaque lettre d'après des renseignements biographiques abondants et précis mais ce travail eût sans doute conduit à la rédaction d'un commentaire envahissant, sorte de biographie parallèle à un témoignage qui vaut par lui-même. Notre seul but a donc été de permettre une juste appréciation des textes, qu'il faut savoir lire entre les lignes, et de ranimer la personnalité évanescente de Hémon en situant l'écrivain dans son temps et son milieu d'origine.

Qu'il nous soit permis, en terminant, de présenter l'expression de notre vive reconnaissance à Lydia Kathleen Hémon, qui a bien voulu nous laisser publier ces lettres, dont quelques-unes lui tenaient particulièrement à cœur, et qui nous a aidé à établir la majorité des notes. Elle le fit avec une bonne grâce, un détachement souriant et un humour qui n'auraient sans doute pas déplu à son père.

1899

1. À FÉLIX HÉMON

Oxford[1] [juillet 1899]*[2].

Mon cher papa,

Tu me souhaites dans ta lettre un tas d'horribles événements, comme de changer de caractère, ou de mûrir, ou de me transformer moralement, et autres aventures. J'imagine que ce doit être très pénible quand on a passé 19 ans à s'habituer à un caractère, d'en changer brusquement pour un autre qu'on ne connaît pas, au moment où l'on commençait à se faire au premier. J'imagine encore que si tu entends par « mûrissement » le progrès qui consiste à se couler dans le moule de la majorité de ses concitoyens, à faire toutes choses avec poids, raison et mesure, à éviter ce qui « ne se fait pas », et à rechercher au contraire les faits, gestes et paroles qui ont servi avant vous à un grand nombre d'êtres à peu près humains, pour en faire soi-même le même usage soigneusement déterminé par la Raison, ce doit être également une chose très désagréable de sentir se faire en soi une transformation de ce genre. Enfin si le « progrès moral » que tu me souhaites, et dont tu crois avoir remarqué les débuts, ô illusion, t'a donné la douce espérance de voir éclore en moi le jeune homme rangé, pondéré et tranquille propre à devenir avec l'âge un

---

1. Louis Hémon fit trois séjours à Oxford, durant les vacances d'été. D'après les lettres, le premier séjour se situe entre juillet 1899 et le 3 octobre 1899, le deuxième du 13 août 1901 à l'automne de la même année, le troisième, immédiatement après le service militaire, l'année suivante. Selon toutes probabilités, Hémon n'y fut jamais inscrit comme étudiant régulier.

2. Les dates accompagnées d'un astérisque sont conjecturales.

parfait Mr Prudhomme ou le modèle des fonctionnaires, je crois, hélas, qu'il te faut rayer cela de tes papiers. Mais si tu enveloppes seulement de ces périphrases l'espoir que des études quelconques pourront désormais trouver place dans ma vie, et que j'irai m'affermissant dans la conviction qu'il n'est pas nécessaire pour être original de considérer plusieurs années, avant de les franchir, les obstacles dont l'Université parsème annuellement la carrière, je crois qu'il y a en effet quelque chose de ce genre dans l'air, mais qu'il faudra voir cela à l'épreuve avant de s'en réjouir. Et ceci forme mon premier point.

Ensuite tu veux bien m'apprendre que je suis en Angleterre pour apprendre l'Anglais [*sic*], et tu exprimes l'espoir que je ne passerai pas mes vacances à voltiger de ville en ville à travers le Royaume-Uni. D'accord, mais il y a un point beaucoup plus important p[ou]r moi que p[ou]r vous, c'est que je je [*sic*] dois m'arranger ici p[ou]r me tanner le moins possible pendant les deux mois et demi de mon séjour. Or, je serai ici très bien pour y passer un mois ou cinq semaines, mais pour rien au monde je ne voudrais y rester toutes les vacances, pour cette raison que je suis seul jeune homme entre quatre ou cinq dames, et que je donnerais pour pas grand'chose un honneur aussi singulier. Miss Swann³ est extrêmement aimable, et fait tout ce qu'elle peut pour me procurer des divertissements de tous genre[s], mais enfin la société des vieilles dames n'est pas mon fait, et je crois qu'au bout de deux mois je pourrais en avoir assez; d'autant plus qu'Oxford, qui est en ce moment une ville abandonnée, les collèges étant vides, a plusieurs des inconvénients de la ville sans en avoir les avantages. Miss Swann habite une maison, assez gentille, qui lui appartient, dans un jardin au bout d'un des faubourgs d'Oxford. Il y a ici, outre Mlle Swann et sa sœur, deux jeunes misses suédoises, et je crois qu'on attend quelques allemands, ou allemandes [*sic*]. Je suppose que ça intéressera maman de savoir que les repas sont ainsi réglés. À 9h — déjeuner, thé, rôties, œufs et jambon, ou bien du saumon, et de la confiture.

---

3. Personne d'âge mûr, propriétaire d'une maison de pension pour jeunes étrangers à Oxford (141 Woodstock Road). Marie Hémon avait déjà été en séjour chez elle.

À 1h ½ dîner — quelques kilos de viande, un plat quelconque et le dessert. Thé à 4h ½ et souper à 8h — avec de la viande encore, et des légumes. Détail particulier, toutes les viandes sont *archi-cuites,* j'en viens presque à rêver de roastbeefs saignants; ce régime me convient d'ailleurs parfaitement, je me porte à merveille. Miss Swann m'a « introduit » à sa sœur, qui a une maison de campagne près d'Oxford. J'y suis allé deux jours après, jouer au tennis et prendre le thé; et aujourd'hui j'y ai dîné, promenade en bateau, thé dans une île de la Tamise, c'était charmant. L'hospitalité anglaise est une chose prodigieuse. Hier j'ai été assister à des courses sur la Tamise dans la barge d'un collège, invité encore par une amie de Miss Swann, dont le fils ramait; j'y ai rencontré, avec quel plaisir, une jeune française [*sic*] qui est en Angleterre depuis quelques mois; nous avons « chiné » avec délices les Anglo-Saxons. Ma distraction principale est le canotage. La Tamise n'est qu'à 10 minutes à peine. Je pense y joindre bientôt les bains froids dès que le soleil, qui s'est éclipsé ce matin p[ou]r faire place à la pluie, sera revenu. Voilà, je suppose, tous les détails souhaitables sur mon genre d'existence, il en est de plus désagréables. Parlons maintenant de choses sérieuses. Il s'ouvre à Oxford à la fin du mois un grand « meeting » qui attire pas mal d'Anglais et même d'étrangers. Ceci [*sic*] consiste en une cinquantaine de lectures [*sic*] et conférences sur la littérature, anglaise, française . . . etc. (on y voit même une lecture [*sic*] sur Loti et Daudet), sur l'histoire, voire même quelques sujets touchant vaguement à la politique. Il y a aussi des excursion[s] dans les vieux châteaux des environs, même plusieurs fêtes et garden-parties. Le prix du ticket donnant droit au tout est assez élevé, 30 shellings [*sic*], mais ça dure un mois et je crois que ce ne pourrait que me faire du bien d'entendre parler fréquemment un anglais autre que l'anglais de conversation, qui est forcément un peu restreint. D'ailleurs ça vous regarde absolument[4]. Je v[ou]s prierai de m'envoyer l'argent nécessaire pour le supplément de blanchissage et mon ¼ de bière de chaque repas. S'il vous

---

4. Les parents n'ayant pas envoyé l'argent, Hémon ne s'inscrira finalement pas à l'ensemble de ces réunions, se contentant d'assister à l'occasion à l'une ou l'autre conférence.

est possible d'y joindre quelque monnaie p[ou]r l'achat d'un caleçon de bain et mes dépennes presque quotidiennes de bateau, je vous en serais reconnaissant. Tâche de te soigner et de ne pas faire de bêtises. Envoyez-moi des nouvelles.

Ton fils,
L. HÉMON

2. À MADAME FÉLIX HÉMON

Oxford [6 août 1899].

Ma chère maman,
     Tu dois trouver que je reste bien longtemps sans t'écrire. Mais tu connais mon peu d'affection pour ce genre de sport, et tu sais quel effort c'est pour moi que de m'asseoir devant une table, avec une plume à la main, et d'aligner mes idées sur le papier.
     Je dois tout d'abord t'accuser réception des 50 f que tu m'as envoyé[s]. Mais quand j'ai eu payé à Miss Swann 10 f pour la bière et le blanchissage et acquis pour moi-même quelques menus objets, j'ai constaté que si je prenais un ticket pour le meeting, il me resterait entre 40, et 50 centimes. Car je ne sais pas si tu te représentes bien que 30 shellings [sic] font 38 f. Comme je ne pouvais absolument pas vivre quinze jours sur ces 50 centimes, je n'ai pas pris le ticket, et je vais aux lectures [sic] et réunions en payant 1 shelling [sic] d'entrée chaque fois. Mais je n'irai pas à toutes; ça finirait par coûter cher, et il y en a pas mal de rasantes, surtout quand on comprend mal.
     Je t'ai dit dans ma dernière lettre que j'étais seul contre quatre dames. Elles sont huit, maintenant. Je suppose que ça va s'arrêter là, parce qu'il n'y a plus de place dans la maison. D'ailleurs j'y suis fait maintenant et ça ne m'ennuie plus. Le dernier arrivage était composé d'une dame américaine, de sa fille, et d'une jeune Anglaise amie de la fille. Il était arrivé un peu avant une Hongroise. Tu vois que pas

mal de nations sont représentées. La jeune Anglaise est absolument tordante. Elle est assez jolie, mais avec une drôle de figure de clown, et parle le plus extraordinaire français que j'aie jamais entendu. Elle joint à un complet mépris des règles de la grammaire une grande originalité d'esprit et une certaine pointe de loufoquerie qui donne à sa conversation un tour très particulier. Comme ses connaissances en français sont très vagues, il en résulte un idiome irrésistible. Elle ne peut pas ouvrir la bouche sans que tout le monde se torde. Toutes les autres sont d'ailleurs au niveau. Tu vois que nous ne sommes pas dans le marasme. Je continue à aller en bateau, quelquefois seul, quelquefois avec une des suisses [*sic*], au choix. Les mœurs ici ne réprouvant nullement les promenades sur la Tamise entre 8 et 10 heures du soir. Elles m'invitent même parfois à les chaperonner dans Oxford. Ce rôle ne m'est pas précisément habituel, mais je ne m'étonne pas pour si peu. Les nouvelles les plus considérables ont été 1° l'anniversaire de Miss Swann; les pensionnaires lui ont offert une grande machine en soie, pour mettre au milieu de la table (habitude anglaise). Elle était jaune avec des fleurs vertes, dans le goût anglais, et faisait un effet prodigieux. Dépense p[ou]r moi : 3 shillings [*sic*], 2° naissance d'un petit jeune homme chez Mrs. Whitmarck, tu sais, la sœur de Miss Swann, chez qui j'ai été plusieurs fois. Ce n'est que le petit-fils de la dite dame, dont la fille a épousé un Américain. Je suppose que voilà autant de détails que tu peux en souhaiter. Donne-moi, s'il te plaît, des nouvelles de la santé de papa; surveille-le bien; qu'il ne fasse pas de bêtises dans cette sale Sorbonne. Envoie-moi également des tuyaux sur Poule, qui fait la morte depuis quinze jours. Envoie-moi quelques journaux, s'il te plaît (pas *le Temps*); je lis ici pas mal des [*sic*] magazines, qui sont nombreux.

Embrasse papa pour moi.

Je t'embrasse toi-même.

Ton vieux fils,
L. HÉMON

3. À MADAME FÉLIX HÉMON

Oxford 8 Sept. [1899].

Ma chère maman,

Je suis encore à Oxford et ne pars que vendredi prochain.
La personne à qui je m'étais adressé à Twickenham ne pouvant pas me recevoir, je n'ai pu y aller. Je n'avais pas d'autres
adresses qui me convinssent et d'ailleurs ton argent m'est arrivé
trop tard pour me permettre de partir le 1er comme je le
pensais. J'ai tant attendu à te répondre parce que je voulais
pouvoir te dire où j'allais en partant. Je n'en sais encore rien.
La seule chose à peu près certaine est que ce sera ou dans les
environs de Londres, ou au bord de la mer. Je serai décidé
d'ici trois ou quatre jours et vous écrirai tout de suite. Les
175 f que tu m'avais envoyé[s], au lieu de payer mon voyage
et ma pension de mon lieu d'arrivée, a [sic] servi à payer une
quinzaine d'ici — une dizaine de francs de suppléments, une
paire de souliers, des photographies, deux excursions à bicy-
clette le long de la Tamise, une paire de bas, des timbres et
des magazines. Je ne sais quand cette lettre vous arrivera,
mais je doute qu'elle vous parvienne à temps pour vous permettre de m'envoyer de l'argent par lettre. Je suppose que
vous pouvez le faire par mandat télégraphique. Il faut qu'il
me parvienne au plus tard mercredi. Car je ne puis le toucher
que le jour suivant. Je dois payer : une semaine de pension
— 50 f — les suppléments — 5 ou 6 francs — mon voyage
jusqu'à XX... une semaine au moins de pension là où j'irai.
Car je préférerais avoir une quinzaine de pension de disponible
pour faire face aux circonstances. Enfin, frais divers pas très
considérables. Je vous écrirai d'ici quelques jours pour dire où
je vais, où je suis.

Je pense que tout va bien depuis votre dernière lettre.
Je ne sais si vous êtes à Quimper ou à Fouesnant. Dans tous
les cas embrassez en bloc toute la famille pour moi. Je suis
tout de même embêté de ne pas voir la Bretagne. J'ai idée
qu'il doit faire joliment bon à Bréhoulou. Je pense que mon
oncle et ma tante se portent bien. J'aimerais bien tirer des
merles. Inutile de vous parler de ma santé. J'espère que vous

allez également bien; l'air de Bretagne ne peut pas manquer de vous remettre complètement, Papa et toi. Il n'y a absolument aucunes nouvelles je suis tout seul, maintenant avec les deux misses Swann. Dans huit jours je serai parti. Si tu es à Fouesnant n'oublie pas d'embrasser pour moi mon oncle, ma tante, Marie-Jeanne, Nic, Moïse, Mach'du[5] . . . etc.

L. HÉMON

4. À FÉLIX HÉMON

Oxford 18 Sept. [1899].

Mon cher père,

Tu ne sembles pas te douter qu'Oxford n'est pas tout près de Fouesnant. Ta lettre m'est arrivée jeudi soir, et, comme le mandat ne peut être touché que 24 h[eures] après je n'ai pas pu partir vendredi. Ça n'a d'ailleurs pas grande importance. Je pars demain matin mardi pour Bournemouth. Cette plage est à quelque distance de Southampton, entre la mer et des bois de pins. Je pense y rester en effet une quinzaine, mais comme cette quinzaine ne commencera que demain 19 je ne serai à Paris que vers le 3 octobre. J'ai assez d'argent pour payer mon voyage et une semaine en arrivant. Je vous prierai donc de m'envoyer une seconde semaine, plus les suppléments et frais divers. Cet argent doit être envoyé immédiatement pour arriver à temps. Plus tard on verra pour l'argent du voyage. Je vous écrirai d'ici trois ou quatre jours de Bournemouth. J'espère que vous vous portez bien, et que mon oncle Arthur[6] est mieux. Pas la peine de vous parler de ma santé. Je ne sais pas si vous êtes encore à Fouesnant[7].

---

5. « Mon oncle » et « ma tante » sont les Arthur Buzaré, « Marie-Jeanne » et « Nic » sont de vieilles bonnes à leur service. « Moïse », leur chien, était particulièrement attaché à Louis Hémon. « Mach'du » est le nom d'un cheval.

6. Arthur Buzaré qui habitait le manoir de Bréhoulou, à Fouesnant.

7. En fait les parents de Hémon étaient alors à Quimper comme l'indique l'enveloppe qui leur a été réadressée.

Mes amitiés à toute la famille; une tape affectueuse à Poule.

Ton fils,
L. HÉMON

Voilà mon adresse : L. Hémon

La Wyche,
West-Cliff
England - Bournemouth

P.-S. À Bournemouth j'aurai probablement quelques frais supplémentaires pour les bains de mer.

5. À FÉLIX HÉMON

Bournemouth 27 Sept. [1899].

Mon cher papa,

J'ai reçu ta lettre hier. Je suis depuis une semaine à Bournemouth. C'est un endroit très agréable, et je ne m'ennuie pas le moins du monde. La plage est excellente et je prends tous les jours un bain. J'en prends même le dimanche, et avec beaucoup plus de plaisir, parce que je suis seul. D'ailleurs la « saison » ici, est finie et il n'y a pas trop de monde. Je pars aujourd'hui en huit. Mes renseignements n'étant pas assez précis, je ne sais pas encore si j'irai par Southampton-Le Havre ou par Newhaven-Dieppe. Je vous préviendrai d'ici quelques jours de l'heure exacte de mon arrivée. Je regrette d'avoir à aborder la question d'argent dans chaque lettre, mais elle se présente d'elle-même. C'est la dernière fois. Je compte bien garder quelque chose des 100 f que tu m'as envoyé[s]; mais il est plus prudent de me renvoyer de nouveau la même somme pour le voyage. Ce qui restera vous retournera à mon arrivée. J'espère que maman et toi allez bien; je ne parle pas de Poule, qui est restée à St-Brieuc. À bientôt Paris, la famille et les choses sérieuses.

Ton fils qui t'aime,
L. HÉMON

1901

6. À MADAME FÉLIX HÉMON

[Oxford, 12 août 1901.]

Ma chère maman,

Je suis arrivé à Oxford hier soir après un excellent voyage, et j'y ai trouvé une très aimable réception. La mer était bien à peu près aussi houleuse que le lac du Bois de Boulogne. Il y a ici par intermittences de la pluie et du soleil.

L. HÉMON

7. À MADAME FÉLIX HÉMON

Lundi 19 – 141[1] Woodstock road.
[Oxford, août 1901.]

Ma chère maman,

J'ai reçu ta lettre avant-hier. Heureux de savoir que votre séjour d'Erquy[2] vous fut agréable. J'ai reçu ce matin un mot de papa. J'espère que tout le monde se porte bien, tant à St-Brieuc qu'au Huelgoat[3], où je vous écris. Tu songeras à

---

1. Souligné trois fois sur l'original.
2. Situé au bord de la mer, dans le département breton des Côtes-du-Nord.
3. Saint-Brieuc est le lieu de résidence d'été des Prosper Hémon, oncle et tante de Louis.
   Huelgoat est un patelin du centre du Finistère où habitait Charles Le Breton, neveu de Mme Félix Hémon.

m'envoyer de l'argent pour la seconde quinzaine qui commence dimanche. Je t'écrirai plus longuement à Quimper[4]. Ma santé est parfaite. *All's right*. Amitiés à Charles[5] et sa famille.

L. HÉMON

8. À MADAME FÉLIX HÉMON

Oxford – 23 Août – 1901.

Ma chère maman,

Je suis depuis près d'une quinzaine à Oxford, et je me suis contenté de vous envoyer des cartes postales, d'abord parce que ça ne coûte que deux sols, et parce que je n'avais pas grand'chose à raconter. Le bateau qui m'a débarqué en Angleterre n'a pas fait naufrage, il a échappé aux pirates; je n'ai pas été volé par les saltimbanques, et mes forces ne déclinent pas trop rapidement.

Oxford en général, et la Woodstock road en particulier, sont en ce moment pleins d'étrangers venus pour assister à une série de conférences sur des sujets variés et grotesques. Entre la maison de Miss Swann et celle de sa sœur[6], qui habite à côté, il y a une demi-douzaine de Suédoises, deux Allemands, un Danois, un Italien . . . etc.

Mais tout ce peuple va s'en aller d'ici une semaine, et on sera un peu plus tranquille. Inutile de vous répéter que ma santé se maintient. Je fais régulièrement mes cinq repas par jour, et je les digère à merveille. Je rame, je prends des bains tous les jours, et je m'efforce de m'assimiler autant d'anglais que possible. Il fait très beau, et très chaud.

Il m'est resté de l'argent du voyage une trentaine de francs. J'ai acheté là-dessus un pantalon de flanelle, et des bas. Il me restera peut-être encore de quoi payer la bière et le blanchissage de cette quinzaine. Charmé de savoir que vous

---

4. C'est-à-dire « lorsque vous serez à Quimper ».
5. Charles Le Breton dont il vient d'être question.
6. Mrs. Whitmarck dont il a déjà été question dans une lettre de 1899.

allez tous bien; du moins je le suppose. Papa a dû vous rejoindre. Colles-y-lui ferme à boire et à manger, et qu'il prenne de l'exercice. Embrasse grand-mère[7] pour moi, et amitié à tout le reste de la famille.

L. HÉMON

9. À MARIE HÉMON

Oxford [23 août 1901].

Bonne vieille poule[8],

Je languis loin de toi, je languis. Ceci étant bien établi, passons au second point. J'habite depuis huit jours un cottage au milieu d'un faubourg d'Oxford. Il y a un jardin autour et deux vieilles dames dedans. Ce sont, ton esprit vif et subtil l'a déjà deviné, Miss Swann et sa sœur. Ces deux vénérables duègnes, ne ris pas, Poupoule, leur thé est exquis, abritent sous leur toit, outre moi, deux jeunes Suédoises que j'initie aux beautés de la nouvelle langue française. Elles commencent à dire « fermez ça, à cause des courants d'air » et « vieux loufoque », comme personne au monde. Je crois qu'elles me feront bien de l'honneur. Ça ne fait rien, elles ont beau n'avoir pas de taille, c'est des femmes tout de même, et, quatre ladies pour moi tout seul ! !

Je voudrais bien m'en aller ? Ma vieille poule, je ne te conseillerais jamais de venir ballader [sic] en Angleterre ton gracieux embompoint [sic]; les boys te courraient après dans les rues. Ça et la couleur de leurs tapisseries. Ah, bonne vieille, il y a des peuples chez qui le sens esthétique est singulièrement atrophié. Je crois, par exemple, qu'à la largeur de taille correspond l'amabilité. Dès qu'on est présenté on se serre la main, et on est comme des frères ensemble; on va boire

---

7. Mme Nicolas Hémon, grand-mère paternelle de Louis, qui habitait Quimper. « Embrasse grand-mère » veut dire que Mme Félix Hémon, à qui la lettre est adressée, est en séjour en Bretagne, à Quimper, chez sa belle-mère.

8. Louis Hémon donne ordinairement à sa sœur le surnom de « Poule ».

leur thé, jouer sur leur tennis ou ramer sur leur bateau, et ça leur fait beaucoup de plaisir. J'ai néammoins [*sic*] rencontré avec une volupté sans égale une jeune française [*sic*], à des courses sur la Tamise, où j'avais été invité par une amie de Miss Swann. Dieu, qu'elle me parut suave. Je n'aurais jamais cru que le seul aspect d'une compatriote pût me transporter en un tel ravissement. Elle était brune, ma chère ! et elle avait presque une taille. Mais quand n[ou]s avons engagé la conversation, ç'a [*sic*] été bien autre chose. Elle a une passion p[ou]r Jules Lemaitre, et elle vénère Anatole France ! ! je n'ai pas été loin de l'embrasser. Avec quel bonheur n'avons-nous pas chiné les Anglo-Saxons. J'ai été tout près d'en tomber amoureux; mais comme elle doit partir dans 8 jours, j'ai pensé que ça n'était pas la peine, et j'ai gardé ça pour une meilleure occasion. Bonne vieille, faut-il que les voyages vous changent ! Tout de même. Dès que je serai rentré en France, je crois bien que je ferai des blagues. En attendant, les *misses* non, c'est [*sic*] pas ça, néammoins [*sic*] il y en a qui jouent bien au tennis. Je pense, Poule, que tu sens toute l'importance de ces confidences, et que tu sauras garder toute la discrétion nécessaire. Mais je me fie à ta délicatesse.

Tu n'as peut-être jamais entendu chanter une Anglaise; ah c'est une belle chose. Il faut vraiment qu'elles en aient, des qualités sérieuses, pour rattraper tout ce qui leur manque sous d'autres rapports. Mais, bonne Poule, je ne te donne tous ces détails que parce [que] je pense qu'ils ont pour toi le plus vif intérêt. Si le genre de vie que je mène peut aussi t'intéresser je te dirai que je me lève à 8h, que je déjeune à 9h avec du thé, des rôties, du jambon, des œufs et de la confiture. Dîner à 1h ½ et souper à 8h, avec des pièces de viande dont tu n'as pas idée, mais cuites, archi-cuites; pas une goutte de sang. Naturellement à 4h ½ thé, rôties et gâteaux. Oxford est une très jolie ville, mais qui a dans les 50 000 hab[itants] sans qu'on s'en doute; mais à cette époque de l'année elle est abandonnée; les collèges étant à peu près vides. La Tamise étant à 10 minutes d'ici, je me livre avec délices au canotage; je suis réduit à canoter seul, par exemple; il y a bien une Suédoise qui voudrait que je l'emmène; mais je ne veux rien savoir. Je crois que c'est à peu près tout ce que j'ai à te dire. Je suppose que

I

Félix Hémon
père de Louis

(Photo : Villard. Collection de la Bibliothèque de l'Université de Montréal)

II

Louis Hémon
vers l'âge de quinze ans, avec sa mère

(Collection de la Bibliothèque de l'Université de Montréal)

III
Marie Hémon
sœur de Louis, vers l'âge de vingt ans

IV

Manoir de Bréhoulou à Fouesnant, en Bretagne
C'était la résidence d'été des Arthur Buzaré.

(Collection de la Bibliothèque de l'Université de Montréal)

tu continues là-bas à faire la noce. L'hospitalité bretonne, n'est rien, bonne Poule, absolument rien à côté de l'hospitalité anglaise. Tiens-moi au courant p[ou]r Victor[9], je lui écrirai p[ou]r le féliciter dès l'issue de son examen. Embrasse fraternellement p[ou]r moi toute la Jeune France de S[t]-Brieuc[10]. Et déverse aux pieds de leurs parents le tombereau de mes hommages.

Poule – Je te presse sur mon sein en versant des larmes abondantes (c'est une image).

L. HÉMON

10. À MADAME FÉLIX HÉMON

[Oxford] 11/9/1901.

Ma chère maman,

J'ai reçu hier ta lettre et ton mandat. Merci pour les deux. Les cent vingt-cinq francs me suffiront parfaitement. Heureux de savoir que vous jouez au paradis terrestre. Vous êtes parfaitement libres de manger jusqu'à ce que mort s'ensuive[11]; surtout puisque c'est aux frais de l'habitant. Tu me demandes des détails sur mon entourage; il n'y a pas long à raconter.

Quand je suis arrivé à Oxford, il y avait dans la maison trois Suédoises, une Autrichienne, deux Françaises et un Anglais. Il y a passé depuis un Allemand et un Danois. À l'heure actuelle il n'y a que moi. Tout ce peuple s'en est allé par fragments. Les deux compatriotes étaient des jeunes filles originaires de Neuilly, qui s'obstinaient à me parler français; la maison à côté est la propriété d'une sœur de Miss Swann, qui loge une société du même genre.

---

9. Victor Doudet, cousin de Hémon.
10. Expression plaisante qui désigne les enfants de Prosper Hémon. Marie est alors en séjour à Saint-Brieuc chez son oncle.
11. Les parents de Louis Hémon étaient probablement en séjour à Châteauneuf-du-Faou, chez des cousins qui avaient la réputation d'offrir des repas pantagruéliques.

Je quitterai Oxford le 23 de ce mois. Avant-hier et hier il y avait ici une vaste foire, à l'occasion d'un nommé s[ain]t Giles [*sic*][12]; curiosités variées, cinématographes, géants, chevaux de bois, homme à tête de cochon... etc.

Si vous causez politique vous vous enverrez des coups de revolver[13], ou vous serez malades, et ça sera bien fait. Est-ce que je m'occupe de politique, moi[14]? Non. Est-ce que je suis malade, moi? Non. Eh bien alors? Répète ça cinq ou six fois au fût[15], pour qu'elle le comprenne bien et qu'elle le réserve à sa tante[16].

Vous aurez la bonté de me faire savoir quand vous changerez de résidence. Je ferai de même.

Au plaisir,
L. HÉMON

---

12. Saint des lépreux et des mendiants. Culte très répandu au Moyen Age dans toute l'Europe, en particulier en Angleterre. Vers 1200, à la foire de la laine, les marchands non d'Oxford eurent leur propre église : Saint-Gilles.

13. Il s'agit vraisemblablement de discussions politiques entre les trois frères Hémon : Prosper, Louis (député puis sénateur, oncle de Louis, l'écrivain) et Félix. Ils étaient tous de même opinion politique, c'est-à-dire républicains modérés, mais ils discutaient volontiers âprement, Prosper se situant un peu plus à droite que ses frères. Les belles-sœurs, qui s'entendaient bien entre elles, se désolaient de ces polémiques qui risquaient d'éclater à chaque réunion de famille.

14. Le mépris de Louis Hémon pour la politique pourrait être confirmé par le passage suivant, tiré d'une lettre de Londres, datée du 30 janvier 1908 : « L'ami Edouard [Edouard VII] a inauguré la réouverture du Parlement hier. Delcassé m'ennuie, Jaurès aussi. Il n'y a que les « Suffragettes » qui mettent une note de gaîté dans un monde entièrement terne. Aussi je voudrais être femme pour faire de la lutte gréco-romaine avec les gros policemen, agiter des petites bannières et embêter les ministres. Quand on a le vote, on s'en moque pas mal. Je n'en parle d'ailleurs que par intuition, n'ayant jamais été électeur. »

15. Surnom donné à Marie Hémon, la sœur de Louis, à cause de sa taille rondelette.

16. Mme Buzaré, sœur de Louis Hémon, le député. Elle avait la réputation de se passionner pour la carrière politique de son frère au point d'en négliger parfois les intérêts des autres membres de sa famille.

11. À MADAME FÉLIX HÉMON

Oxford 15/9/1901.

Ma chère maman,

Tu as dû recevoir ma précédente lettre il y a quelques jours. Je t'annonçais que j'avais l'intention, si vous n'y voyez pas d'inconvénient, de quitter Oxford le 23 de ce mois, après six semaines de séjour. La raison en est que, en premier lieu, je commence à connaître trop bien Oxford et ses environs, et, n'ayant rien à faire qu'à manger, boire, dormir, lire les journaux et regarder les nuages, je commence à m'abrutir tout doucement. La seconde est que je suis maintenant seul pensionnaire de Miss Swann, ce qui est une position très agréable, mais ne me donne guère d'occasions de parler anglais. C'est pourquoi j'ai décidé, toujours si vous voulez bien me donner votre toute-puissante approbation, de passer une semaine à Londres, juste le temps de me promener dans les rues, et puis après de m'en aller au bord de la mer, comme vous; à Hastings probablement.

Au point de vue dépense, le prix du voyage est autant à déduire du voyage de retour. Je ferai en sorte que ma pension à Londres ne me coûte pas plus cher qu'ici, soit 55 f avec la bière. Mais je nourris le désir d'aller deux ou trois fois au théâtre, et il est évident que j'aurai des frais de locomotion et divers que je n'ai pas ici.

J'aurai donc besoin de : p[ou]r la bière de cette quinzaine et le blanchissage (considérable pour cause de rhume de cerveau), 8 à 10 f. Pourboires aux domestiques d'ici. Deux colis, à Oxford et à Londres, le voyage, et la pension et les frais d'une semaine à Londres. Je regrette que cette période de 8 jours soit plus coûteuse que les autres, mais après cela, à Hastings, je n'aurai plus de frais supplémentaires.

J'en ai fini, enfin, avec la question monétaire. Je me demande si vous êtes encore à Bréhoulou[17], et pour combien de temps ? Comment va la famille en général ?

---

17. Manoir des Arthur Buzaré (oncle et tante de Louis Hémon), situé à Fouesnant, près de Beg-Meil, à 16 kilomètres de Quimper.

Ici le temps est nuageux et fréquemment pluvieux, mais point trop désagréable. L'Angleterre pleure MacKinley[18]. Laissez-moi savoir où vous serez entre le 25 et 30, et s'il y a des nouvelles de Félix[19].

L. HÉMON

P.-S. Si tu envoies l'argent par mandat, il faut qu'il arrive ici samedi matin au plus tard, pour que je puisse le toucher lundi matin.

12. À MADAME FÉLIX HÉMON

London 24/9/1901.

Reçu lettre et mandat. Je suis depuis hier à Londres. Il y a de la fumée. Tout va bien. Jusqu'à lundi prochain.

L. HÉMON
Carlton House
42 Upper-Bedford Place
Russel Square

13. À MADAME FÉLIX HÉMON

[Folkestone, 14 octobre 1901.]

Ma chère maman,
   Merci pour ta carte. Je suis entré avec calme dans ma

---

18. William McKinley, président des Etats-Unis assassiné le 14 septembre 1901 par l'anarchiste Czolgosz. Durant son administration, les Etats-Unis quittèrent leur isolement pour s'occuper des affaires mondiales. McKinley fut particulièrement sympathique à l'Angleterre.
19. Le frère aîné de Louis Hémon, officier de marine et participant alors à la guerre de Chine.

majorité[20]. Je suis toujours à Folkestone[21], où je resterai jusqu'à mon retour. Je te serai obligé de m'envoyer ma dernière quinzaine de subvention pour la fin de la semaine.

Rien de neuf.

L. HÉMON

14. À MADAME FÉLIX HÉMON

Folkestone 16 Wear-Bay-road.
[octobre* 1901.]

Ma chère maman,

Le jour approche où je m'en vais repasser le détroit. L'Angleterre est toujours à la même place et ne présente pas dans le moment de particularité digne d'être mention[n]ée. Il fait tantôt du soleil et tantôt de la pluie, plus souvent de la pluie. Ma santé se maintient.

A-t-on des nouvelles de Félix[22] ?

Je te serai obligé de m'envoyer une dernière somme d'argent pour mes frais de retour et autres. Cent francs feront l'affaire.

L. HÉMON

---

20. Hémon est né le 12 octobre 1880.

21. A la fin de son deuxième séjour à Oxford, Hémon se rend d'abord à Londres, puis au bord de la mer, à Folkestone, d'où il avait envoyé à sa mère la carte postale suivante, oblitérée du 1er octobre 1901 :

Je suis à Folkestone depuis ce matin. Prière d'envoyer lettre et mandat à mon nom. Tout va bien.

Il donne alors l'adresse suivante : Ecclesbourne, 16 Wear Bay Road, Folkestone.

22. Félix Hémon, frère aîné de Louis.

15. À MADAME FÉLIX HÉMON

102ᵉ de ligne – 9ᵉ Compagnie.
[Chartres, 15 novembre 1901.]

Ma chère mère,

Je suis arrivé hier vers 11h²³. On m'a en partie habillé,
et combien somptueusement ! J'épluche déjà les pommes de
terre comme un général et je fais mon lit carré à ravir. Tout
va bien. Rien à mentionner; retrouvé au bataillon pas mal de
connaissances.

L. HÉMON

16. À MADAME FÉLIX HÉMON

[Chartres, 18 novembre 1901.]

Ma chère mère,

Je suppose que vous avez reçu ma première carte. Depuis
mon arrivée, j'ai continué à m'initier aux ficelles du métier.
J'ai fait la vaisselle ce matin; avec une vitesse remarquable et
une perfection très relative. La nourriture est sale[?], mais n'en
est que meilleure. Tout va bien.

9ᵉ Compagnie –

L. HÉMON

---

23. Hémon commence son service militaire à Chartres.

17. À MADAME FÉLIX HÉMON

[Chartres, 29 novembre 1901.]

Ma chère maman,

La présente est pour vous dire que ma santé est bonne, que je suis toujours à Chartres, 102e de ligne, 9e Compagnie, 4e section, 13e escouade et que je continue à croître en force et en sagesse devant l'éternel, représenté en l'occasion par l'autorité militaire.

Félix[24] vous aura déjà dit que je commençais à assumer cet air tourte et martial qui distingue un soudard d'avec un civil. Il vous aura probablement rapporté aussi que mon aspect n'était pas précisément celui d'un martyr, et que je paraissais me trouver, en somme, point trop mal, de l'état militaire.

Mes impressions peuvent se ramener à ceci. Je ne rengagerai certainement pas; mais il se peut également que je ne déserte point, et que je me résigne à observer momentanément les règles principales de la discipline.

Il y a de bons moments, et il y en a de mauvais. Des choses me vont parfaitement et d'autres point; mais somme toute, je suis plutôt heureux.

J'ai trouvé un brosseur dont je n'ai eu, jusqu'ici, qu'à me louer. Je mange à l'ordinaire tous les jours, et n'ai recours à la cantine que pour des suppléments et extras d'ailleurs assez fréquents. Pour ma chambre, je ne suis pas encore fixé définitivement; d'ailleurs ça n'a pas grande importance, car je suis loin de sortir tous les jours. Les distractions qu'offre Chartres sont limitées, et la meilleure partie de mes loisirs, je la passe assis sur mon lit, ou ailleurs, à songer aux choses diverses qui m'intéressent, en culottant ma pipe. Nous nous levons vers six heures; heure, qui, du temps où j'étais civil, me paraissait le milieu de la nuit. D'ailleurs, quand on est vingt à faire de même, tout le pénible de la chose disparaît. Repas à 10 ½ et 5h. Et coucher entre 8½ et 9½. C'est tout.

---

24. Félix Hémon, le frère aîné de Louis.

Mais voilà bien de la littérature pour une seule fois.

Je vous serais reconnaissant de m'envoyer une genouillère en tissu élastique. Vous trouverez cela chez n'importe quel marchand de la rue de l'École de médecine. Si j'avais besoin dans quelque temps d'autres choses, je vous en avertirais en vous donnant l'adresse où l'envoyer.

L. HÉMON

18. À MADAME FÉLIX HÉMON

Chartres – 4 Décembre [1901].

Ma chère maman,

Je t'écris sans avoir rien de particulier à raconter; simplement pour passer le temps, et parce que je suppose que ça te fera plaisir de savoir encore une fois que je me porte bien et que je n'ai plus que 287 jours à faire demain matin[25].

Le peloton des dispensés[26] va être formé dès le 11 de ce mois. Dans le moment, que ce soit pour cette raison ou pour une autre nous ne faisons rien d'un bout à l'autre de la journée. Je n'ai encore tué aucun gradé; j'ai bon appétit et je m'abrutis tous les jours un peu plus.

J'ai reçu la lettre de Marie. Rien de nouveau, cela va sans dire, depuis ma dernière missive. Je n'ai pas encore trouvé le domicile de mes rêves; en attendant je continue à partager un local mesquin, avec un nommé Fèvre, licencié ès lettres, mais susceptible de dressage.

Langeron[27] est venu me voir dimanche dernier; il a dû emporter de Chartres une idée assez joyeuse. Il me manque

---

25. Comme il était d'usage, Hémon compte à rebours les jours qu'il lui reste à passer au service militaire.
26. Louis Hémon fait partie de ce peloton qui comprend ceux qui ont fait des études. D'après la loi du 15 juillet 1889, la durée normale du service militaire est de trois ans, sauf pour les soutiens de famille, étudiants, etc., libérés conditionnellement après un an. Hémon bénéficie du régime spécial à titre d'étudiant.
27. Roger Langeron, camarade d'enfance de Louis. Les Langeron étaient d'excellents amis de la famille Hémon.

encore quelques petites choses pour être parfaitement confortable. Serait-il impossible d'envoyer une lampe à alcool, et
du thé ? Outre cela, tout ce qui peut être bu ou mangé sera
reçu avec une reconnaissance qui n'aura rien d'affecté. Que
peut-il se passer de nouveau à Paris ? À vrai dire, je ne pose
la question que par habitude, car j'ai perdu ce genre de curiosité,
si je l'ai jamais eue.

L. HÉMON

P.-S. M'envoyer paquets s'il y a lieu à mon nom, chez M^r
Signeuret, rue de la Pie.

19. À MADAME FÉLIX HÉMON

[Chartres] 9 Déc. 1901.

Ma chère maman,
   J'ai reçu hier ton colis. Il était vraiment bien compris, et
avec un peu d'aide, je suis venu à bout en moins que rien de la
partie comestible. Il n'y a pas tout à fait un mois que je suis ici,
mais je serais, en vérité, extrêmement désireux de recevoir un
peu d'argent, il n'est pas nécessaire de m'envoyer un mois entier.
Le bon de poste est la seule forme pratique (avec le nom en
blanc). J'écrirai dans le courant de la semaine.

L. HÉMON

20. À MADAME FÉLIX HÉMON

Chartres, le [13 décembre] 190[1][28].

Ma chère maman,
   Reçu lettre et monnaie. Je vous recevrai dans Chartres
avec le plus grand plaisir; mais... à vrai dire, du fond de
mon cœur de mauvais fils, je ne vous engage pas à venir.

---

28. La lettre porte l'en-tête imprimé de la caserne Marceau.

Chartres est morne par tous les temps, mais dans le moment, par un vent sauvage, très froid, avec de la pluie, c'est la désolation. J'aurai presque sûrement une permission, soit à Noël, soit au jour de l'an; vous pourrez donc me contempler avant peu dans ma splendeur guerrière.

Le peloton des dispensés est formé depuis deux jours. Nous sommes casernés au troisième étage, au milieu d'une multitude de caporaux et gradés divers.

De 7h du matin à 9h du soir, nous n'avons pas une heure à nous, et trimons tels des nègres. Je couche près d'une fenêtre; il y a un petit lac sous mon lit, et il pleut sur mes couvertures. Ça n'a d'ailleurs aucune importance. Mon lieutenant est un grand rasta à cheveux pommadés et airs dégoûtés. Je n'ai pas encore eu de prison. Rien de nouveau.

L. HÉMON

P.-S. Adresser les lettres au 109ᵉ de ligne, compagnie des dispensés.

21. À MADAME FÉLIX HÉMON

[Chartres, fin décembre 1901.]

Ma chère maman,

Je n'avais pas demandé de permission pour aujourd'hui; mais je suis à peu près certain d'aller à Paris pour le jour de l'an, c'est-à-dire mardi soir[29]. Attendez-moi donc, et préparez mon lit, sauf avis contraire. D'ici là, je serais fort aise de recevoir de vos nouvelles, et un mandat, car les temps sont durs. Je continue de croître, de croître sans m'arrêter, en force et en sagesse, en sagesse principalement. Nous avons reçu samedi la visite d'un général. Il s'est déclaré satisfait de nous; mais ça m'est égal; ça n'est pas pour lui que je travaille. J'ai passé une partie de la journée d'aujourd'hui à me matriculer, et l'autre à culotter ma pipe ! Oh ! le vilain dégoûtant !

L. HÉMON

---

29. Le 31 décembre 1901.

1902

22. À MADAME FÉLIX HÉMON

[Chartres] 7 Janvier 1902.

Ma chère maman,
Les lenteurs et l'inintelligence de l'administration militaire m'ont empêché de toucher à temps le montant du mandat télégraphique que vous m'aviez envoyé. Il a dû v[ou]s être remboursé; je te prierai donc de m'envoyer la somme sous une forme plus pratique (bon de poste). Je ne sais pas exactement ce que tu m'as donné ce mois-ci. Tu auras la bonté de faire le compte, si tu l'as marqué, pour m'envoyer le restant cette semaine; plus tôt il m'arrivera une valeur quelconque, et mieux ça vaudra. Nous faisons demain notre première marche d'entraînement, 16 kil[omètres] avec chargement partiel. À part cela, c'est toujours la même chose. Je n'irai probablement pas à Paris d'ici quelque temps. Consolez-vous comme vous pourrez.

L. HÉMON

23. À MADAME FÉLIX HÉMON

[Chartres, hiver* 1902.]

Ma chère maman,
L'entraînement pour les manœuvres continue. Nous nous étions levés l'autre jour à deux heures pour partir à 3h; ce matin nous nous sommes levés à 1 heure pour partir à 2h.

Et le bruit court que nous aurons ce soir marche de nuit. La manœuvre d'aujourd'hui n'a d'ailleurs pas été bien dure; cinq ou six heures de marche, et rentrée de bonne heure.

Je doute que je puisse avoir une permission dimanche; je tâcherai de vous prévenir d'ici là, quand je saurai à quoi m'en tenir. Et je termine là, car j'ai terriblement envie de dormir.

L. HÉMON

(9ᵉ Compagnie)

24. À MADAME FÉLIX HÉMON

[Chartres, hiver* 1902.]

Ma chère maman,

Rien de nouveau. Le temps depuis hier est devenu radieux. À part cela toujours mêmes occupations un jour après l'autre. Je suis de piquet dimanche, donc impossible d'aller à Paris. Félix[1] vous a quittés lundi, je suppose. Tâche de te consoler de l'absence de tes deux fils avec l'aide de l'unique mais inimitable fille que tu possèdes. Prière envoyer galette.

L. HÉMON

---

1. Félix Hémon, frère aîné de Louis. Officier de marine, il était rentré de Chine en 1902.

25. À MADAME FÉLIX HÉMON

[Chartres, 7 mars 1902.]

Ma chère maman,

Nous avons enterré mardi ce bon Mr Ballay[2], le corps de Ballay, comme dirait Marie; ayant eu l'honneur de faire partie de la garde d'honneur, j'étais aux premières places, évidemment. Suivi le corbillard en encadrant le cortège, l'arme sous le bras, et exercices du même genre de 7h du matin à deux heures. Je n'irai pas à Paris dimanche. Prière de chercher dans mon veston bleu ma pipe et mon couteau et de me les faire parvenir. La vie sans eux m'est insupportable. Il continue de faire un temps merveilleux, et je ne compte plus que 195 demain matin[3]. L'adresse de Félix est bien *14* ? rue St-Yves[4]. Prière envoyer galette.

L. HÉMON

26. À MADAME FÉLIX HÉMON

[Chartres, 21 mars 1902.]

Ma chère maman,

Je sais deux choses nouvelles depuis ma dernière lettre, 1° que j'aurai deux jours à Pâques, 2° que nous partons pour le camp d'Auvours le 2 avril. Cela à part, c'est toujours la

---

2. A propos de Noël Ballay, la bibliothécaire de la Bibliothèque municipale de Chartres nous écrit : « Il s'agit d'un médecin qui fut compagnon de Savorgnan de Brazza de 1875 à 1879, puis Gouverneur général de l'Afrique occidentale où il mourut à 54 ans. Le Dictionnaire biographique d'Eure-et-Loir porte les indications suivantes : « Des obsèques nationales furent décrétées en son honneur, son éloge fut prononcé le 4 mars 1902 en la cathédrale de Chartres par M. l'abbé Beauchet, son nom a été donné à une rue de Chartres et, enfin, un monument lui a été élevé, en cette ville dans le square du lycée. »

3. C'est-à-dire qu'il ne reste plus que 195 jours d'ici la fin du service militaire, détail capital qui permet de situer la lettre.

4. L'adresse de Félix Hémon, frère de Louis, à Brest.

même routine d'école d'escouade et de service en campagne depuis le matin jusqu'au soir. C'est d'un intérêt fou.

Le paiement de mes divers loyers a allégé mes ressources au point que je songe sérieusement à vendre mon fusil. Mais ce n'est pas d'une défaite facile[5].

27. À MADAME FÉLIX HÉMON

[Chartres, printemps* 1902.]

Ma chère maman,

Ta dernière carte m'a plongé dans la stupeur; je n'ai jamais eu le plus petit refroidissement et les deux seules maladies dont j'aie eu à me plaindre au service sont, une petite ampoule au talon, guérie depuis bientôt deux mois, et un rhume de cerveau, qui se termine actuellement.

Je suis très touché de tes inquiétudes, ma chère maman, mais, pour plusieurs raisons, j'ai le plus grand soin de ma santé, qui d'ailleurs, pourrait fort bien se passer de soins. Tu peux donc te rassurer.

Je désirerais fort aller te montrer dimanche que ma constitution ne s'est pas trop affaiblie; mais, dans cet idiot de métier, on n'est jamais sûr du lendemain. Je ne serai certain d'aller à Paris qu'une fois dans le train; jusque-là, ce n'est qu'un espoir.

J'ai parfaitement reçu la lettre de Marie, et les bons de poste qu'elle contenait. Je vous en remercie toutes deux. Il s'est abattu sur la caserne Marceau une pluie d'hommes d'âge mûr, qui se déguisent en soldats pour quelques semaines. Cela ne change d'ailleurs rien à notre genre de vie. Je sais de source certaine, maintenant, qu'il fait grand'jour [sic], et quelquefois grand soleil à 4h ½, et même avant.

À bientôt, je l'espère.

Ton fils,
L. HÉMON

---

5. Ici, la lettre originale a été découpée.

28. À MADAME FÉLIX HÉMON

[Chartres, mai 1902.]

Ma chère maman,

Je profite de mon dimanche libre pour compléter un peu ma carte d'hier. J'ai reçu des lettres de plusieurs de mes amis, et une, qui m'a un peu surpris et fort touché, de Mr Bony[6]. La vie ici est toujours la même; comme je te l'ai dit déjà, il ne faut pas espérer de permission avant la Pentecôte : peut-être aurons-nous 48 heures, mais rien de moins sûr. J'ai été heureux d'apprendre le succès de mon oncle Louis; il l'a emporté de peu[7].

Je pense que Papa doit être maintenant reparti en tournée d'inspection[8]. Tu n'as donc plus que Marie pour te tenir compagnie. Comment te sens-tu dans le moment ? Es-tu un peu remise de ta fatigue ?

Peux-tu me trouver un ou deux caleçons comme ceux que tu avais achetés il y a quelque temps, ou du même genre. Si oui, je voudrais que tu me les envoies; et je te prierai d'y joindre un peu de thé, dont je n'ai plus depuis longtemps.

Depuis quelques jours, le temps a tourné à la pluie, ce qui nous a procuré une ou deux journées de repos, qui ont été les bienvenues.

Il ne me reste plus d'argent, et je te serai reconnaissant de m'en envoyer dans ta prochaine lettre.

Ton fils,
L. HÉMON

---

6. Probablement l'un de ses anciens professeurs qui lui a envoyé une lettre de condoléances à l'occasion de la mort de son frère Félix.
7. Louis Hémon vient d'être réélu député.
8. Les fonctions de Félix Hémon, qui était inspecteur général des lettres, l'obligeaient souvent à voyager.

29. À MADAME FÉLIX HÉMON

[Chartres, 4 mai 1902.]

Ma chère maman,

Je ne t'ai pas écrit plus tôt parce que j'espérais encore avoir une permission; mais je n'ai pu, et je ne vous reverrai que le 18. La mort de Jacques m'a été une grande peine. Il a suivi son ami de près[9].

Tu me dis, ma pauvre maman, que tu n'attends plus de consolations que de moi. Pauvres consolations. Je ne suis pas très méchant et je t'aime de tout mon cœur mais je n'ai guère ce qu'il faut pour consoler. C'est pourquoi il faut me pardonner d'avance tous les chagrins qui pourront te venir de moi. Je n'y puis rien changer.

L. HÉMON

30. À MADAME FÉLIX HÉMON

[Chartres, mai 1902.]

Ma chère maman,

J'aurais été très heureux de te voir hier; mais tu aurais trouvé Chartres bien sale et bien triste, par un temps froid coupé d'ondées.

Mercredi nous avons manœuvré toute la matinée, dans la neige; on pouvait espérer mieux du mois de mai. J'ai reçu une lettre de Papa ce matin; je lui répondrai demain. Édouard Milne[10] avait été assez aimable pour m'annoncer sa visite pour dimanche; je viens de lui écrire pour le dissuader de venir, car je crains fort d'avoir à prendre le service samedi, c'est-à-dire demain, jusqu'à dimanche 3 heures.

J'attends avec impatience le dimanche de la Pentecôte; j'espère toujours avoir 48 heures, mais ce n'est qu'un espoir.

---

9. Jacques Antoine, ami intime de Félix Hémon, le frère aîné de Louis. Il est mort dans une expédition au Niger. C'était un brillant officier de cavalerie qui avait déjà fait la cour à Marie Hémon.

10. Un camarade de Hémon, fils de vieux amis de la famille.

Je t'écrirai dimanche ou lundi. Continue à être courageuse[11], en l'absence de Papa, et songe à ton fils qui t'aime.

L. HÉMON

Je te remercie de ton mandat de mardi. Je te prierai de continuer à m'envoyer de l'argent au début de la semaine.

L.H.

31. À MADAME FÉLIX HÉMON

[Chartres, juin* 1902.]

Ma chère maman,

Je m'étais trompé dimanche dernier en te disant que je ne prenais pas le service. Je le prends bel et bien à trois heures cette après-midi. Cela fait donc une semaine de plus sans aller à Paris.

J'ai dîné jeudi chez Mr Nouvel[12], je me suis efforcé de me tenir décemment; j'ai des doutes sur le résultat; eux, ont été aimables au possible.

Depuis deux jours c'est un déluge. Nous avons eu mercredi une marche assez dure, sous un temps très chaud et très étouffant. Il est resté quelques dispensés dans les fossés; je n'ai fait heureusement, que perdre un peu de ma bonne graisse.

Tu voudras bien me donner une adresse de papa, que je lui écrive; j'attends de tes nouvelles et de celles de Marie.

Ton fils,
L. HÉMON

Reçu ta lettre et mandat de dix francs, pour lesquels je te remercie.

---

11. Allusion à la mort récente de son frère Félix, survenue à Brest, le 20 avril.
12. Amis et voisins des Félix Hémon à Paris, les Nouvel s'étaient temporairement installés à Chartres où leur fils, Edouard, était professeur en début de carrière.

32. À MADAME FÉLIX HÉMON

[Chartres, 6 juillet 1902.]

Ma chère maman,

Tu ne verras pas ton fils cette fois. Le sort en a décidé et je n'ai point de permission. Je n'en aurai pas non plus dimanche prochain, veille du 14 juillet; cela fait donc au moins quinze jours avant que j'aille à Paris. Le temps s'est remis à la grande chaleur, et nous avons manœuvré toute la matinée avec un soleil terrible sur la tête.

Mais tout cela n'est que de peu d'importance : 73 jours et la liberté.

J'attends des nouvelles de Papa et de Marie, ainsi que de toi-même.

Ton fils,

L. HÉMON

33. À MADAME FÉLIX HÉMON

[Chartres, 8* juillet 1902.]

Ma chère maman,

Reçu ta lettre et l'argent, dont merci. J'ai regretté de ne pas aller vous voir dimanche. Dimanche prochain, veille du 14, il n'y faut guère songer.

Le temps avait été très chaud jusqu'à ce matin, où la pluie est venue faire une diversion heureuse. On sent approcher la fin du peloton; notre travail de la journée est fini à 9h du matin, sauf une ou deux heures de cours ou de théorie l'après-midi. Dans la seconde quinzaine du mois, nous aurons probablement plus à faire, à cause de l'examen final.

Nous avons été libres tout l'après-midi, et le soir jusqu'à onze heures, mardi dernier, en l'honneur de Barnum[13]. Je n'y ai d'ailleurs pas été.

_____
13. Cirque célèbre.

Le caleçon que tu m'avais envoyé est parfaitement ce qu'il me fallait; si le prix est peu élevé, n'hésite pas, à l'occasion, à m'en acheter un ou deux autres semblables. J'aurai besoin (je ne suis d'ailleurs pas pressé) d'une ou deux paires de chaussettes, en laine, couleur grise ou beige; le noir salissant terriblement.

Lundi prochain, nous nous exhiberons en l'honneur de la république; cérémonie assez désagréable, mais infiniment moins pénible que celle de Longchamps [*sic*][14].

Je vous embrasse tous trois.

L. HÉMON

34. À MADAME FÉLIX HÉMON

[Chartres, milieu de juillet 1902.]

Ma chère maman,

Je te remercie bien de tout ce que contenait ton envoi; il m'est arrivé en parfait état, et m'a fait grand plaisir.

La cérémonie du 14 n'a pas été trop pénible, malgré une chaleur terrible; tout était terminé, d'ailleurs, à 10h ½, et nous avions la journée et soirée libres. L'État nous a servi ce jour-là un repas splendide : lapin sauté, petits pois, cerises, café et cigare. La ville de Chartres était brillament [*sic*] illuminée, et la caserne Marceau arborait un grand nombre de drapeaux et de lampions.

J'ai dîné le 13 au soir chez les Nouvel, avec M^r et Madame Fringnet, tous infiniment aimables[15].

Vous avez dû passer la journée assez tristement, et j'ai pensé à vous. Bien que les préparatifs, pour nous, n'aient pas été aussi ennuyeux qu'on pouvait le croire, nous avons eu pas mal à faire; car la grande tenue de service exige un

---

14. Allusion à la revue du 14 juillet à laquelle Hémon doit prendre part à Chartres. A Paris, cette cérémonie avait lieu à Longchamp.

15. Les Nouvel et les Fringnet sont des familles d'universitaires habitant dans le voisinage immédiat des parents de Hémon, rue Vauquelin, à Paris. Le fils des Nouvel, Édouard, avait épousé la fille des Fringnet.

astiquage de cuirs, de cuivres et d'aciers pour lequel il faut pas mal de temps. Enfin tout cela est fini, et nous attendons d'un jour à l'autre le commencement de l'examen final. Nous ne savons encore rien de définitif pour la permission qui suivra la dislocation du peloton. Elle variera probablement entre quatre et huit jours.

Je pense par ce temps, à Papa, qui doit être bien fatigué[16], et je vous embrasse tous trois.

L. HÉMON

35. À MADAME FÉLIX HÉMON

[Chartres] Samedi 15 [16] Août [1902].

Ma chère maman,

Nous partons demain matin à 4 heures pour dix jours de manœuvres, comme tu le sais déjà. Je ne sais pas si elles seront dures ou non, mais je suis dans le moment en très bonne santé et suffisamment entraîné.

Je t'enverrai quelques mots des différents endroits où nous arrêterons. Nous passerons par Dammartin et n[ou]s reviendrons par Mantes, Épernon[17]. Tu peux m'écrire à Mantes avant le 20. Nous y serons à peu près à cette date. Tu adresseras la lettre à mon nom et numéro de régiment et de compagnie (9e), à Mantes, avec la mention « en manœuvres ».

Tu me donneras, s'il te plaît l'adresse exacte de Marguerite[18], et la vôtre en Bretagne.

Et je vais me coucher, car l'heure est tardive (8h ½).

Ton fils,
L. HÉMON

---

16. Félix Hémon est alors occupé à faire passer les examens d'agrégation.
17. Dammartin-en-Goële, chef-lieu de canton en Seine-et-Marne, Mantes-Gassicourt, aujourd'hui Mantes-la-Jolie, chef-lieu de canton en Seine-et-Oise, Epernon, commune d'Eure-et-Loir.
18. Il pourrait s'agir soit de Marguerite Charuel, soit de Marguerite Hémon.

36. À MADAME FÉLIX HÉMON

[Chartres, 24* août 1902.]

Ma chère maman,

Je suis rentré ce matin des manœuvres. Elles se sont, dans l'ensemble, fort bien passées. J'ai couché 4 nuits sur 5 dans un lit, et j'ai dîné presque tous les jours, parfois à prix d'or, mais suffisament [sic].

Je pars dans une heure pour Paris[19]. J'emmène quelques-unes de mes affaires d'ici, je renverrai les autres par colis postaux. Je ne sais si tu m'auras écrit quand cette lettre t'arrivera, mais je veux te prévenir que j'aurai la semaine prochaine des frais spéciaux, assez importants. Lavage et nettoyage de tous les effets et remplacement des nombreux objets divers disparus dans le courant de l'année. Paiement de mon dernier mois de chambre. Dîner d'adieu des ex-élèves du peloton spécial ... etc. Je serais très embar[r]assé de me trouver à court à ce moment. (Rien à craindre pour le moment, j'ai encore 17 sous.)

J'adresse à tout hasard ma lettre à Bréhoulou. Je suppose que vous n'y êtes déjà plus, mais j'ignore la nouvelle adresse.

Ton fils,
L. HÉMON

37. À MADAME FÉLIX HÉMON

[Chartres, 26 août 1902.]

Ma chère maman,

Je suis rentré en très bonne santé de ces dix jours de manœuvre[s]. Elles n'ont pas été bien dures, et celles que nous ferons en septembre le seront probablement encore moins. Je te remercie de tes lettres et de l'argent que tu m'as envoyé.

---

19. L'une des dernières permissions, avant la fin du service militaire.

Les réservistes viennent d'arriver, et c'est en ce moment une confusion insensée. Nous couchons à la Manutention, vieux bâtiment délabré et traversé de courants d'air; notre installation est infiniment sommaire; il fait très froid la nuit, et les matelas sont absents; mais nous comptons 24[20] et c'est le principal.

Tu voudras bien m'envoyer de l'argent, te souvenant, s'il te plaît que je ne mange pas à l'ordinaire (maintenant moins que jamais[)].

Sur les derniers 100 f j'ai acheté des chaussures, payé un mois de chambre, et les manœuvres ont mangé le reste.

Ton fils,
L. HÉMON

38. À MADAME FÉLIX HÉMON

[Chartres, 1er septembre 1902.]

Ma chère maman,

J'ai été hier à Paris, pour la dernière fois de ma vie militaire, pour rapporter mes vêtements civils.

Car c'est bien la fin; on compte 18 demain matin, et bien que ces dernières semaines paraissent terriblement longues, l'arrivée des réservistes, avec qui nous partirons, et les manœuvres, amènent tout doucement la date attendue.

Il est maintenant définitif que nous repartons le 8 pour la seconde et dernière période de manœuvres. On ne sait pas encore de quel côté elles se feront. La présence des réservistes, nécessairement peu entraînés, nous est une garantie qu'elles ne seront pas très dures.

Je te remercie de l'argent que tu m'as envoyé. Bien que je l'aie reçu seulement avant-hier samedi, je te reparle déjà du prochain envoi, puisque, partant un lundi, il me faudra faire les achats nécessaires deux jours auparavant. J'empor-

---

20. C'est-à-dire qu'il ne reste plus que vingt-quatre jours d'ici la fin du service militaire. Hémon sera libéré le vendredi 19 septembre 1902.

terai autant de provisions et conserves que je pourrai le faire sans trop me charger, car s'il était déjà difficile la première fois de trouver à manger dans les trous où l'on cantonnait, ce sera bien pis avec les réservistes.

Écris-moi combien de temps vous comptez rester à Fouesnant, et quelle sera votre adresse après. J'espère que le séjour de Bréhoulou vous fera du bien à tous trois[21]. Dis-moi comment vous avez trouvé mon oncle et ma tante, et embrasse-les pour moi.

Ton fils,
L. HÉMON

39. À MADAME FÉLIX HÉMON

[Chartres, 11 septembre 1902.]

Ma chère maman,

Je ne t'ai pas écrit depuis plusieurs jours, pour plusieurs raisons, par exemple que depuis deux jours nous logions dans un petit trou où on ne trouvait plus un timbre depuis l'arrivée du bataillon.

Ces manœuvres n'ont pas été trop désagréables jusqu'à ce matin : marche très modérée, par un temps à souhait, venteux et ensoleillé; point trop chaud.

Mais nous nous sommes levés ce matin à 1h 45, et nous venons seulement d'arriver (2h après-midi) marchant depuis 11h sous la pluie battante. De plus nous sommes odieusement logés, et je prévois, si je ne peux pas découvrir un lit, une assez mauvaise nuit.

Nous rentrons samedi matin à Chartres, et nous aurons une permission dimanche, la dernière, car on compte 8[22]. Consolation suprême.

Je ne sais si ce mot te trouvera encore à Bréhoulou, ou si vous l'avez déjà quitté. Tu voudras bien m'envoyer de

---

21. Comme chaque année à la même époque, les parents de Hémon iront en séjour à Bréhoulou, manoir des Buzaré, à Fouesnant.
22. C'est-à-dire qu'il ne reste plus que huit jours d'ici la fin du service militaire, ce qui a permis de dater la lettre.

l'argent à Chartres pour le début de la semaine prochaine, la dernière de ma vie militaire. Samedi en huit je rentre à Paris, et j'attends d'ici là des renseignements sur l'endroit où vous serez à cette époque. Ajoute sur tes lettres la mention « 9ᵉ Compagnie, *Manutention* ».

Ton fils,
L. HÉMON

40. À MADAME FÉLIX HÉMON

[Chartres, 18 septembre 1902.]

Ma chère maman,
Nous sommes libérés, demain vendredi[23], et je compte repartir de Paris samedi soir ou dimanche matin. Je te préviendrai par télégramme, mais quelle adresse ? Écris-la ou tél[égr]aphie-la à Paris.

Ton fils,
L. HÉMON

Reçu lettre et mandat. Merci.

41. À MADAME FÉLIX HÉMON

Mardi 11 [novembre 1902], Paris.

Ma chère maman,
Non, je ne suis pas parti, et je commençais à m'étonner de ne rien recevoir quand votre dépêche m'est parvenue. Je suis heureux de savoir que vous vous trouvez bien installés et que papa a bien supporté le voyage. Je ne pars que jeudi matin et pour Oxford; j'y arriverai le soir même à 9h ½. Les prix de Mᵉˡˡᵉ [*sic*] Swann sont bien de 50 f p[a]r semaine,

---

23. Le vendredi 19 septembre 1902.

sans blanchissage et sans *liquide* d'aucune sorte — j'ai longtemps hésité; la seule chose qui me décide à préférer cette
vénérable personne au vieux père Simpson, c'est que je pourrais
m'en aller plus facilement et que, de là, j'aurais plus de
facilité de trouver un autre logement. Melle [*sic*] Balcam[24] m'a
fait parvenir une adresse qui me conviendrait beaucoup, sur
la Tamise à 1h de Londres. Malheureusement j'avais déjà
prévenu Miss Swann de mon arrivée. Si je m'embête à Oxford
c'est là probablement que j'irai. Si tu veux écrire à Miss Swann
pour lui envoyer une ou deux semaines (ça se paye d'avance),
voici son adresse. Miss Swann, 141 Woodstock Road, Oxford.
En attendant je fais mes préparatifs de départ, ma malle, et je
vis très confortablement en orphelin. Je n'ai pas de nouvelles
directes de Poule; elle avait pourtant juré de m'écrire. Il est
venu ce matin un vieux bonze du ministère des Colonies[25]
p[ou]r prendre des renseignements sur ma vie, mes mœurs
et mon domicile. Je les lui ai donnés excellents. J'ai payé
ces jours-ci mes divers achats; ma satanée vieille bécane, que
j'emporte, me coûte encore 12 f de réparations pour la mettre
à peu près en état de rouler sur le sol anglais. J'ai acheté une
éponge, un dictionnaire, des cartes de visite, des bouquins de
colonisation, des boutons de chemise, etc... À part ça, je
ne crois pas qu'il y ait grand'chose de neuf. Je vous écrirai
de là-bas.

L. HÉMON

à partir de jeudi : Walton Manor, 141 Woodstock Road, Oxford.

42. À MADAME FÉLIX HÉMON

[Londres, début hiver* 1902.]

Ma chère maman,
     Il y aura demain deux semaines que je suis arrivé à

---

24. Il s'agit en réalité de Mme Balcam, une amie de la famille Hémon.
    Avec René, l'un de ses fils, Louis Hémon enfant s'amusait à faire
    de la pâtisserie.
25. Epoque où Hémon s'est présenté à l'examen d'entrée de l'Ecole
    coloniale.

Londres[26]. Je sens confusément qu'il eût été de mon devoir de vous écrire des tas de lettres; mais je ne sais vraiment pas ce que j'y aurais mis.

Il fait ici un assez beau temps; peu de pluie, et même un semblant de soleil parfois.

J'ai choisi ma résidence actuelle tout à fait au hasard; je n'y suis ni très mal ni très bien, et je ne sais encore pas si j'y resterai.

Pour économiser l'encre, vous pouvez supprimer sur l'adresse « Hogarth house », le numéro et la rue sont suffisants.

Inutile de vous dire que je me porte bien.

Je ne vois rien d'intéressant à vous raconter pour le moment. Quand il y aura du nouveau, je vous le ferai savoir.

L. HÉMON

---

26. Après son service militaire, Hémon fait un court séjour à Oxford puis s'en va à Londres d'où il écrit peu à ses parents.

1903

43. À MADAME FÉLIX HÉMON

London 10/2/03.

Ma chère maman,

Reçu ta lettre, et le mandat. Je ne m'attendais réellement pas à recevoir des étrennes à cette époque. Rien de nouveau ici, sauf la guerre[1]. L'Angleterre est naturellement japonophile, et espère cordialement une pile énorme de nos chers alliés et emprunteurs[2]. Je n'ai pas encore réussi à me faire une opinion.

L'hiver se traîne toujours, avec abondance de pluie. Londres est toujours pareil. Je prends bien part à vos catastrophes de ménage, bien que la question domestiques ne m'intéresse qu'indirectement. Je suis d'ailleurs sans inquiétude, étant donné les talents culinaires de vieille Poule[3]. Regrette également d'apprendre les mauvaises nouvelles Doudet[4]. Régime défectueux et manque d'exercice.

Amitiés.
L. HÉMON

---

1. La guerre russo-japonaise (février 1904–septembre 1905).
2. Allusion à tous les Français qui ont pris des valeurs d'emprunts russes. Félix Hémon (père) en avait acheté, comme tout le monde en France à l'époque.
3. Marie Hémon prenait alors des cours d'art culinaire.
4. Victor Doudet, oncle de Louis, qui venait de subir une attaque d'apoplexie. Dans plusieurs de ses lettres, Louis Hémon revient sur cette idée que la pratique du sport conserve la santé.

44. À MADAME FÉLIX HÉMON

Londres 27/2/03.

Ma chère maman,

Rien de nouveau. Un peu de neige et du froid, voilà pour la température [*sic*]. La guerre — ça m'est égal. Tu peux jeter au panier toutes les convocations du Racing ou d'ailleurs. À ce propos, je ne suis pas sûr de t'avoir prévenue que je me suis fait mettre simplement « en congé ». De sorte qu'il y aura à payer pour cette année 12 f au Racing et 5 f à la Basse-Seine[5].

Les jours allongent, même ici ! J'espère que vous n'avez que de bonnes nouvelles de papa.

Amitiés
et à Vieille Poule,
L. HÉMON

45. À MADAME FÉLIX HÉMON

London 14-3-03.

Ma chère maman,

J'ai reçu ce matin ta carte postale m'annonçant la mort de l'oncle Doudet[6]. Je vais écrire à Victor[7] ce soir ou demain.

---

5. Au sujet de la participation de Louis Hémon au Racing et à la Basse-Seine, voici ce que nous écrit le président directeur général de la revue *Racing* : « M. Louis Hémon, auteur de *Maria Chapdelaine,* a effectivement été membre du Racing Club de France, de 1900 à 1905, où il pratiquait l'athlétisme et principalement la course à pied. Nous ne retrouvons aucune trace de lui dans le palmarès des différentes épreuves classiques qui se sont disputées à l'époque. En ce qui concerne le club « Basse-Seine », nous n'avons pu établir que l'athlétisme y ait jamais été pratiqué car c'est un club d'aviron et il peut se faire que Louis Hémon se soit adonné à cette discipline. Malheureusement les archives de ce club ne permettent pas de le vérifier. »

6. Victor Doudet, époux de Marie Hémon (on comprendra qu'il s'agit de la tante de Louis et non de sa sœur).

7. Victor Doudet, fils du précédent.

Votre voyage[8] ne sera évidemment pas gai, mais j'espère que vous trouverez le reste de la famille en bonne santé.

Nous avons joui d'une semaine environ de temps passable et même d'un semblant de soleil. Ce matin re-froid et brouillard. Je continue de me porter à merveille, et souhaite que votre voyage ne vous fatigue pas.

Amitiés.

L. HÉMON

46. À MADAME FÉLIX HÉMON

London 19/3/03.

Ma chère maman,

J'ai bien reçu ta lettre et le mandat, et, depuis, la carte postale qui a suivi. Merci. Je te demanderai de vouloir bien toucher le montant du mandat ci-joint et me l'adresser en un mandat international. Si cela ne te gêne pas, tu pourras me l'envoyer de suite [*sic*], sans attendre ton prochain envoi.

Un semblant de printemps est descendu sur Londres, et on devine un peu de soleil tous les jours.

Amitiés.

L. HÉMON

47. À MADAME FÉLIX HÉMON

London 23/3/03.

Ma chère maman,

Reçu ta lettre et les 40 f. J'espère que cela ne t'aura pas gênée de les prendre sur tes propres fonds, car j'aurais pu attendre. Tu vas peut-être penser que les sommes dont m'inon-

---

8. A Quimper, pour les obsèques de l'oncle Victor Doudet.

de la presse parisienne[9] devraient bien faire réduire celles que tu m'envoies mais nous sommes à un tournant de l'histoire, et à une époque où les vêtements demandent à être remplacés, et les cours de sténographie payés, et la vie est dure.

Dès que ce tournant sera passé, je ferai tout mon possible pour être en état de subvenir au moins partiellement à mes besoins.

Dans quelles contrées vogue Papa en ce moment[10] ?

Amitiés.
L. HÉMON

48. À MADAME FÉLIX HÉMON

Londres 28/3/03.

Ma chère maman,

Reçu ta lettre et ta carte pneumatique y contenue. J'ai tout lieu de croire que désormais ils[11] m'adresseront leurs imbécillités directement.

Je te suis très reconnaissant des dispositions généreuses que tu montres, mais la somme de 200 f suffit amplement à payer tous mes frais, pertes de jeu, diamants pour actrices et orgies variées. Quant aux autres dépenses, puisqu'il y a des gens assez tourte pour acheter ma prose[12], ils les paieront.

Seulement je te serais obligé de ne pas trop attendre cette fois-ci pour m'envoyer ton chèque, pour la raison que ma pension est payable, naturellement, par semaine, et qu'il y a un peu plus de 4 semaines par mois, ce qui nécessite tous les deux mois environ, des combinaisons ingénieuses.

Amitiés.
L. HÉMON

9. Hémon fait ici allusion aux articles sportifs et nouvelles qu'il publie alors dans le quotidien le *Vélo*.
10. Félix Hémon est sans doute en tournée d'inspection.
11. Les autorités militaires.
12. Hémon fait de nouveau allusion à sa collaboration au *Vélo*.

49. À MADAME FÉLIX HÉMON

London 29/12/03.

Ma chère maman,

Je suis un fils peu tendre, et je t'ai causé certainement plus de chagrins que de joies, mais je ne voudrais pas laisser venir la nouvelle année sans te faire savoir que je ne suis pas absolument oublieux.

Je suis de dernière force en matière d'épanchements, mais je t'assure que mes souhaits n'ont rien de conventionnel ni d'affecté.

Du fond de mon cœur je te souhaite ce que tu peux désirer toi-même, moins de chagrin pour ceux qui sont encore et pour ceux qui ne sont plus[13], et, si maigre consolation que ce soit, je t'envoie, maman, mes baisers tendres et sincères.

Je n'oublie ni papa, ni Marie, et mes souhaits sont les mêmes pour eux, comme mon affection est la même.

Voilà bien des phrases, et j'en ai pour longtemps à ne plus être tendre, mais il faut bien que le 1er janvier t'apporte quelque chose de moi; et c'est tout ce que j'ai à donner.

L. HÉMON

50. À MADAME FÉLIX HÉMON

London [sans date][14].

Ma chère maman,

Reçu ta lettre. La perte de mon commencement de vaisselle m'a consterné. Je pense néammoins [sic] que j'arriverai à oublier, à la longue, cette perte cruelle. Touchant ma colla-

---

13. Louis Hémon pense sans doute à son frère Félix, mort le 20 avril 1902, et peut-être aussi à son oncle Victor Doudet qui vient de mourir.
14. Le ton général de cette lettre et de la suivante nous permet de risquer l'hypothèse qu'elles sont de 1903.

boration à la feuille en question, je regrette que mes articles[15] ne paraissent pas à jour fixe; je m'émerveille sincèrement que vous vous amusiez à les lire, étant donné que ce doit être à peu près, pour vous, comme si j'écrivais en annamite[16]. À mon prochain voyage à Paris je calotterai sommairement Marie pour avoir pris son petit frère pour une tourte.

Sale temps.

Rien d'autre.
L. HÉMON

51. À MADAME FÉLIX HÉMON

[Londres*] Samedi [sans date].

Ma chère maman,

Bien reçu lettre et mandat, dont merci. Pardon de n'avoir rien envoyé depuis huit jours : que veux-tu ! le tourbillon de la vie mondaine, bals, dîners, etc . . .

Il y a une phrase dans ta lettre qui m'inspire un certain malaise. Tu me dis : « Il paraît que vous avez la peste, en Angleterre ». Je me suis regardé la langue dans la glace avec attention, mais ça ne m'a rien appris parce que j'ignore totalement quels sont les symptômes de la peste. J'avais bien des taches un peu inquiétantes sur la figure ce matin; mais elles ont disparu quand j'ai fait ma toilette. En tout cas, je vais boire quelque chose de chaud avant de me coucher; il paraît que c'est très bon.

Amitiés à tous, Papa et Poule.

Ton fils,
L. HÉMON

---

15. Il pourrait s'agir des articles sportifs et nouvelles que Hémon publiait déjà en 1903 dans le *Vélo*.

16. Au moment où Hémon préparait le concours d'admission à l'Ecole coloniale, il s'était inscrit à l'Ecole des langues orientales vivantes afin d'y commencer l'étude de l'annamite, projet vite abandonné. Nous avons retrouvé la grammaire qu'il avait alors utilisée.

1904

52. À MADAME FÉLIX HÉMON

London 2/1/04.

Ma chère maman,

Reçu lettre et mandat, pour lequel je te remercie.

Je n'aurai certainement pas besoin d'aller à Paris, et j'espère bien ne jamais voir l'instrument en question que sous sa forme monétaire; si j'avais besoin de vos services, je vous l'écrirais.

Je te rappellerai humblement que tu as là une occasion unique de te tenir bien tranquille [de te tenir bien tranquille][1], et de garder pour toi ce qui ne regarde que toi; j'espère que tu ne la laisseras pas échapper[2].

Rien d'autre.

L. HÉMON

53. À MADAME FÉLIX HÉMON

Londres 19-2-04.

Ma chère maman,

Reçu lettre et mandat. Merci. Je te serais reconnaissant de ne pas me donner de nouvelles d'Eugène[3]. Quant aux

---

1. Répété puis rayé dans l'original.
2. Le sens de cette lettre demeure obscur.
3. Eugène Onfroy, cousin éloigné de Mme Félix Hémon, alors collégien à Paris, et fréquemment reçu chez les Hémon. Il avait la triste réputation d'être à la fois bête et mesquin. Louis Hémon se moquait volontiers de lui.

petits cousins[4], j'espère qu'ils sont déjà remis. Je regrette de n'avoir pas à t'annoncer des « ouvertures », mais le fait est que l'on ne songe pas beaucoup à me demander en mariage, le « on » représentant la masse du sexe qui n'est pas le mien. Mon amour-propre en souffre un peu, mais je n'en laisse rien voir.

Le Mardi gras à Londres ressemble étonamment [*sic*] à un jour qui ne serait pas le Mardi gras. Le confetti est absent, les petits balais aussi, et chacun va à ses affaires. Depuis deux jours, beau temps, sec et froid.

Amitiés.

L. HÉMON

54. À MADAME FÉLIX HÉMON

Londres 2/4/03 [mars 1904].

Ma chère maman,

Reçu lettre et mandat. Merci. Vous avez joliment raison d'aller vous promener en Algérie[5] puisque l'occasion se présente, et je vous souhaite un climat réellement africain et pas le mal de mer. Je compte que Vieille Poule va profiter du voyage pour apprendre l'arabe, les danses du pays, et satisfaire enfin son vieux désir du désert[6].

Rapportez-moi ou envoyez-moi un souvenir par colis postal; blague à tabac sauvage, mais réellement sauvage — ou autre chose, je n'ai pas de préférence.

Vous souhaite bon voyage.

Amitiés.

L. HÉMON

---

4. Il s'agit vraisemblablement des enfants de Louis Hémon (le député) puisque cette famille habitait à Paris, rue Gay-Lussac, dans le voisinage immédiat de la rue Vauquelin.
5. Félix Hémon part pour l'Algérie en tournée d'inspection avec son collègue Lucien Poincaré, inspecteur des sciences. Mme Poincaré, Mme Hémon et sa fille les accompagnent.
6. Marie Hémon avait depuis longtemps exprimé le désir de voir le désert.

55. À MADAME FÉLIX HÉMON

London 11/4/03 [mars 1904].

Ma chère maman,
    Reçu ta carte postale. Espère que vous avez trouvé Alger
à votre goût, et que vous jouirez pendant votre séjour d'un
soleil africain.
    Londres est depuis quelques jours, radieusement prin-
tanier. Me porte bien et suppose que vous faites de même.
    Je reconnais les goûts tumultueux de Vieille Poule dans
son désir de tempêtes[7]. J'aime à croire qu'elle va profiter de
l'occasion pour aller voir le désert qui lui est si cher.
    Rien de neuf.
                                                Amitiés.
                                                L. HÉMON

56. À MADAME FÉLIX HÉMON

London 18/4/03 [mars 1904].

Ma chère maman,
    Reçu lettre et mandat. Merci. Je suppose que tu as
reçu ma lettre; lettre que j'ai envoyée après réception de la
carte postale.
    Heureux de savoir que les femmes arabes sont toujours
voilées, et que l'Algérie vaut le voyage.
    Pour en revenir aux questions monétaires, je voudrais
bien savoir si cela ne vous gênerait pas outre mesure de me
faire l'envoi prochain pour le 25; mais de façon que je le
reçoive le 25, c'est-à-dire que, vu la distance, il vous faudrait
l'expédier vers le 22 ou 23 au plus tard. Naturellement cette
avance ne s'applique qu'à cet envoi-là.

---

7. Marie Hémon ne craignait pas la mer mauvaise, bien au contraire.
Allusion à la traversée de la Méditerranée.

Londres se baigne dans le soleil, et les parcs se couvrent de fleurs multicolores.

Amitiés.

L. HÉMON

(Si vous êtes bien sages, je vous ferai un cadeau d'ici une semaine.)[8]

57. À MADAME FÉLIX HÉMON

London 19/3/04.

Ma chère maman,

Je reçois à l'instant ta carte. Je t'ai écrit *deux fois* depuis l'envoi de ta première carte postale d'Alger; les deux fois à l'hôtel de l'Oasis, puisque je n'avais que cette adresse.

Je continue de me porter parfaitement, et m'épanouis au soleil, qui rend Londres infiniment plus gai. Je voudrais bien savoir s'il y a des feuilles au Luxembourg...[9]

Dans ma dernière lettre, partie hier, mais pour Alger, je te demandais de vouloir bien m'envoyer cette fois par exception mes revenus pour le 25; c'est-à-dire de manière que je les aie le 25 *ici*. Sous condition naturellement que cela te convienne.

Je vous souhaite bien du plaisir et n'oubliez pas ma blague à tabac. Amitiés à Papa et Poule (a-t-elle appris une danse des écharpes quelconque pour son petit frère ?).

L. HÉMON

8. Il s'agit probablement d'une photo de lui-même (la photo officielle que tout le monde connaît) que sa famille sollicitait depuis longtemps.
9. Il s'agit, bien entendu, du jardin du Luxembourg, à Paris.

58. À MADAME FÉLIX HÉMON

Londres 2/5/04.

Ma chère maman,

J'ai reçu en même temps ce matin ta lettre de Tunis[10] (du 26) et une lettre de Rannou[11] contenant le mandat.

Cette lettre m'annonçait également une triste nouvelle : la mort de Jean Blanchard[12], atteint de fièvre typhoïde pendant les vacances de Pâques, et mort le 28 à Pleyben.

Heureux de savoir que vous faites une tournée semi-officielle; il sera dur de reprendre la charrue au 4e rue Vauquelin[13].

Il a fait très beau très longtemps et ce matin il pleut sur la Ville, qui joue à n'avoir pas l'air d'être au printemps.

Amitiés.

L. HÉMON

59. À MADAME FÉLIX HÉMON

London 13/5/04.

Ma chère maman,

J'ai reçu ta lettre de Constantine (6 mai) et les deux cartes postales de Bône et du désert. J'ai vainement cherché Poule sur le dos des vaisseaux du même[14].

---

10. D'Algérie, Félix Hémon, accompagné de sa famille et des Poincaré, a continué son inspection en Tunisie.
11. Homme d'affaires de Pleyben. Il se peut que les parents de Louis Hémon aient chargé M. Rannou de lui envoyer le mandat habituel, ce qui leur était difficile à faire d'Algérie et de Tunisie.
12. Membre d'une famille d'amis de Pleyben.
13. Les Félix Hémon habitaient un appartement relativement modeste situé dans le Ve arrondissement à Paris, au 26 rue Vauquelin.
14. Les chameaux étant surnommés les vaisseaux du désert. Louis Hémon reprend ici une métaphore connue.

Tu dois avoir reçu maintenant ma lettre suivante. Appris sans regret la mort de Melle [*sic*] Le Barbier[15]. Elle m'avait donné pour le compliment du jour de l'An un cahier rose; j'en voulais un bleu; c'est Joseph Darcy[16] qui a eu le bleu. C'est bien fait qu'il soit marié.

Rien de nouveau.

Amitiés.

L. HÉMON

60. À MADAME FÉLIX HÉMON

Londres 26/5/04.

Ma chère maman,

Reçu ta carte de Marseille, m'apprenant que vous étiez revenus au vieux Continent.

J'espère que votre long voyage ne vous aura pas trop fatigués, et que vous vous remettrez rapidement à la vie civilisée.

Rien de nouveau ici, je continue de me porter à ravir, et il y a quelquefois du soleil.

Reçu également la blague[17]. Merci.

Amitiés.

L. HÉMON

---

15. Institutrice de Hémon alors qu'il était enfant. Le souvenir auquel il fait ici allusion remonte vraisemblablement à sa toute première année à l'école.

16. Fils d'amis de la famille Hémon et camarade d'enfance de Louis. Le père de Joseph Darcy avait été le professeur de Louis Hémon au lycée Montaigne.

17. Il s'agit d'une blague à tabac qu'on lui a offerte en cadeau et qu'il avait demandée dans une lettre précédente : « Rapportez-moi ou envoyez-moi un souvenir par colis postal; blague à tabac sauvage, mais réellement sauvage – ou autre chose, je n'ai pas de préférence. » (Londres 2/4/03 [mars 1904].)

61. À MADAME FÉLIX HÉMON

London 1/6/04.

Ma chère maman,

Reçu lettre et mandat. Merci. Tu trouveras ci-joint une reproduction de mon charmant visage. Je ne te dissimulerai pas que c'était même là le cadeau que je te promettais dans une lettre précédente[18]. J'ai dû entailler le cadre pour l'introduire dans l'enveloppe, mais je ne suppose pas que ça ait de l'importance.

J'ai toutes sortes de raisons pour ne pas quitter Londres cet été, il est donc à peu près certain que je n'irai pas en Bretagne.

Il pleut, et le Derby se court demain, ce qui me laisse assez froid.

Amitiés.

L. HÉMON

62. À MADAME FÉLIX HÉMON

Londres 4/6/04.

Ma chère maman,

Reçu ta lettre. Je t'implore au nom de toutes les divinités, de ne pas m'entourer de fleurs et de papillons Louis XV, commis par Vieille Poule[19]. Je ne goûterai pas un moment de repos si je sais qu'on torture ainsi ma reproduction.

Appris que la patrie me réclame. Je crois être certain qu'elle me réclame à tort. Ayant la dispense article 21[20] aussi

---

18. Lettre datée par erreur du 18/4/03 [en réalité, mars 1904] et dans laquelle il écrivait : « Si vous êtes bien sages, je vous ferai un cadeau d'ici une semaine. »

19. A l'époque, c'était la mode de broder le tissu qui encadrait une photo. Marie Hémon avait écrit à son frère, sans doute en plaisanterie, qu'elle ferait un cadre très ouvragé pour la photo qu'il venait d'adresser à sa famille.

20. Il s'agit sans doute d'exemptions aux étudiants.

bien que l'autre, j'ai suivi le peloton de mon libre consentement, et ne suis pas sûr d'avoir à faire la période spéciale aux articles 23[21]. Veux-tu et peux-tu avoir des renseignements là-dessus ?

Si la feuille rose n'est qu'une formalité[22] (accusé de réception), signe-la pour moi. Si elle contient un engagement ou quelque chose de ce genre, fais-la-moi parvenir.

Amitiés.
L. HÉMON

63. À MADAME FÉLIX HÉMON

Londres 10/6/04.

Ma chère maman,

Reçu ta carte. Puisque le Gouvernement tient absolument à ma présence, je me rendrai à Paris. Peux-tu me faire parvenir la carte d'invitation[23] ?

À vrai dire, puisque me voilà des vacances obligatoires, j'aurais préféré les avoir ailleurs qu'à Paris au mois d'août.

Rien de nouveau. Londres est le même et je me porte bien.

Bon voyage à Papa[24].

Amitiés.
L. HÉMON

---

21. Les conscrits qui ont été volontaires sont ensuite exemptés de certaines périodes militaires.
22. En réalité, cette feuille rose n'était pas qu'une formalité mais une nouvelle convocation, ainsi que l'indiqueront les lettres suivantes.
23. Il s'agit de la « feuille rose » de la lettre précédente, c'est-à-dire d'une convocation militaire.
24. Vu son travail, les déplacements de Félix Hémon étaient fréquents.

64. À MADAME FÉLIX HÉMON

London 14/6/04.

Ma chère maman,

Reçu ta lettre du 12. Tout pesé, j'irai à Paris pour la date normale, soit [le] 1er août. Un sursis de deux mois ne m'offrirait aucun avantage, et ne serait peut-être pas accordé, car ces 28 jours doivent réunir tous les sergents ex-dispensés qui seront formés en peloton comme il y a deux ans.

Mais je ne veux absolument pas entendre parler de quelqu'un restant à Paris pour moi. Je peux quitter Londres quelques jours plus tôt, pour vous voir avant de rejoindre mon corps, mais *je ne veux pas* que tu retardes ton départ d'un seul jour.

Je n'ai besoin de personne; et si tu persistes dans ton intention[25], j'adopterai la mesure la plus simple, qui sera de rester de ce côté-ci de l'eau sans demander ni sursis ni ajournement ni exemption.

Amitiés.

L. HÉMON

65. À MADAME FÉLIX HÉMON

London 19/6/04.

Ma chère maman,

Reçu en leur temps lettre et mandat. Merci.

L'été s'avance, et d'ici cinq semaines il va falloir réendosser le crasseux pantalon rouge[26]. J'espère de tout mon cœur qu'on nous fera faire quelques manœuvres, et que [je] n'aurai pas à subir quatre semaines d'internement à Babylone[27].

Il fait du soleil et je vais très bien. Amitiés.

L. HÉMON

25. Il se pourrait que la famille Hémon ait proposé à Louis d'intervenir auprès des autorités gouvernementales afin de lui faire obtenir soit un sursis, soit une dispense.
26. L'uniforme militaire français d'avant la guerre de 1914.
27. La caserne de la rue de Babylone, à Paris.

66. À MADAME FÉLIX HÉMON

Londres 27/6/04.

Ma chère maman,

Reçu ta lettre. Appris avec sérénité les mariages et fiançailles. Appris également avec plaisir que Vieille Poule avait renoncé aux fleurs et aux amours pour l'encadrement de ma figure[28]. J'espère qu'on ne l'a pas exposée en public.

Je souhaite que Papa revienne de son voyage en bonne santé et pas trop fatigué.

Si cela t'est possible, je te serais reconnaissant de me faire parvenir ton chèque de façon que je l'aie pour jeudi matin.

Assez beau temps, ni pluie ni soleil.

Amitiés.

L. HÉMON

67. À MADAME FÉLIX HÉMON

Londres 9/7/04.

Ma chère maman,

Reçu ce matin ta lettre du 8. Respectueux des caprices du gouvernement, je me rendrai à Chartres le 24. La date m'arrange même mieux que la précédente; mais je regrette qu'elle m'empêche de vous voir avant ma période.

Félicitations à Alain[29] pour son baccalauréat; puisse-t-il n'en avoir jamais besoin !

Je suis tout réjoui d'avoir à retourner dans les plaines fertiles de Chartres; cela ressemblera plus à des vacances qu'un séjour à Paris. Néammoins [sic] j'aurai probablement à m'arrêter à Paris 48 heures en allant. Laisseras-tu la clef chez la concierge ?

---

28. A rapprocher des lettres datées du 1er et du 4 juin 1904.
29. Alain Hémon, le fils aîné de Louis Hémon (député), cousin germain de Louis Hémon (écrivain).

Si tu peux veiller à ces détails, je te serais reconnaissant de me laisser à Paris, en évidence, mes chaussures militaires et des chaussettes ! Mon âme a soif de chaussettes sans trous. Si même Mme Schmidt[30] pouvait m'accorder quelques moments de son temps précieux, j'aurais à lui donner assez de travail pour l'été.

Veux-tu m'envoyer ton mandat pour les premiers jours de la semaine prochaine. J'ai consacré des sommes à l'embellissement de ma personne en paille et en gazes légères.

Amitiés.

L. HÉMON

Pour Papa

Merci de ta lettre et du mandat y joint. Je viens de recevoir une lettre de Mr Romain Selsis[31], qui m'a donné des leçons d'Anglais [sic] dans les [sic] temps, me demandant de l'appuyer près de toi pour un poste de collège.

Je n'ai eu qu'à me louer de mes relations avec lui, et lui ai répondu de te demander par lettre quand tu pourrais le recevoir.

Si tu peux l'aider, ça me fera plaisir.
Amitiés.

L. HÉMON

68. À MADAME FÉLIX HÉMON

Londres 14/7/04.

Ma chère maman,

Reçu lettre et mandat. Merci. Ce qui va suivre est plus inusité; c'est le cliché dit « carotte »[32]. Faute de familiarité avec ce légume je suis malhabile à l'amener avec science. J'ai

---

30. Couturière au service de la famille Félix Hémon.
31. Professeur ayant déjà donné des leçons d'anglais à Hémon.
32. La carotte qu'on présente à un âne pour le faire venir.

besoin de 50 francs. Ce n'est ni pour me rouler dans la dé-
bauche, ni pour jouer sur les mines d'or; il se pourrait que,
par compensation, je puisse tenir compte de cette somme le
mois prochain; mais je n'en suis pas sûr. Si donc cela ne te
gêne pas, envoie pour le 20. Si cela te gêne ou te déplaît ne
l'envoie pas.

À la réflexion, tous les objets d'habillement dont j'aurai
besoin pour mes 28 jours me coûteront plutôt moins ici qu'à
Paris, et je saurai exactement ce que je veux. J'achèterai mes
chaussures à Chartres, et je tâcherai de trouver quelque chose
qui puisse me servir ensuite dans le civil.

Amitiés à Papa et Poule.

L. HÉMON

69. À MADAME FÉLIX HÉMON

Londres 22/7/04.

Ma chère maman,

Reçu ta carte et le mandat de 50 f qui l'accompagnait.
Merci.

Peux-tu m'envoyer ton prochain mandat dans la première
moitié de la semaine prochaine, c'est-à-dire vers le 27 ou 28,
et les suivants par quinzaine, c'est-à-dire trois ou quatre jours
avant le 1er ou le 15.

D'ici novembre, c'est-à-dire après un an de séjour, je
pourrai probablement me suffire ou au moins n'avoir besoin
que de moitié moins.

Dis-moi quand vous comptez quitter Paris et combien de
temps vous resterez en Bretagne[33]. Avez-vous déjà fixé votre
lieu de résidence ?

Amitiés à Papa et Poule.

L. HÉMON

---

33. Les Félix Hémon allaient toujours passer leurs vacances d'été en
Bretagne.

70. À MADAME FÉLIX HÉMON

Londres 7/10/04.

Ma chère maman,

J'ai reçu et ta lettre et l'enveloppe que tu avais remise à Alain[34] pour moi. Émile[35] et lui visitent avec assiduité toutes sortes de choses. Il fait quelquefois un peu de soleil, mais en somme un assez vilain temps.

J'espère que vos troubles domestiques ont reçu une solution maintenant. Je suis à vrai dire assez heureux de n'être pas là pour servir de champ d'expériences aux fantaisies culinaires de Poule.

Je lui rappelle sans en avoir l'air que mon anniversaire tombe le 12 et qu'elle me doit un joli cadeau, quelque chose en or, par exemple, ou un titre de rente sur l'État.

Rien de nouveau.

Amitiés.
L. HÉMON

71. À MADAME FÉLIX HÉMON

Londres 14/10/04.

Ma chère maman,

Reçu ta lettre et mandat. Merci. Dis à Vieille Poule qu'elle est la honte de son siècle.

J'ai appris avec un compréhensible orgueuil [sic] la nouvelle élévation d'Eugène[36]. Il a ce qu'il faut pour réussir à peu près dans les sales métiers.

---

34. Alain Hémon, fils aîné de Louis Hémon (député).
35. Emile Charuel, fils d'un premier mariage de Mme Prosper Hémon, a toujours été considéré comme un cousin germain de Louis Hémon. Ces trois cousins, Emile, Alain et Louis, étaient d'ailleurs particulièrement liés. Ils vivaient tous à Paris et se retrouvaient, durant les vacances d'été, en Bretagne.
36. Il s'agit très probablement de la récente nomination d'Eugène Onfroy comme sous-préfet. Le passage est ironique : rappelons que Louis Hémon se moquait volontiers de ce cousin éloigné du côté des Le Breton (Mme Hémon).

Les jeunes gens[37] continuent à visiter Londres; tantôt seuls, tantôt en ma compagnie.

Il fait assez beau, mais froid. On sent l'hiver. Ça m'est égal.

Rien d'autre.

Ton fils,
L. HÉMON

72. À MARIE HÉMON

Londres 20/10/04.

Bonne Vieille,

La vue de ton écriture m'a fait bondir de joie. J'ai cru que tu te repentais enfin de tes errements, et qu'au lieu de placer tes fonds en marbres inartistiques et en meubles peu confortables, tu m'envoyais enfin le joli souvenir (en or) que tu me dois depuis longtemps.

J'ai regretté doublement de voir qu'il n'en était rien et que tu continues à compromettre ton salut éternel par une avarice sordide et une ingratitude inexplicable [*sic*]. J'ai regretté surtout de savoir que maman était malade et que les mauvaises nouvelles de mon oncle Charles[38] l'avaient péniblement impression[n]ée.

J'espère que votre prochaine lettre m'apportera des renseignements plus heureux.

Papa est donc encore sur les grand'routes. Entre nous ça ne peut pas être un métier bien honorable que celui qui vous force à des voyages si fréquents. Enfin, c'est la mode, à notre époque.

Amitiés à maman. Si elle est encore souffrante, fais-le moi savoir bientôt.

L. HÉMON

---

37. Alain Hémon et Emile Charuel qui sont alors en séjour à Londres et dont il a été question à la lettre précédente.
38. Charles Le Breton, frère de Mme Félix Hémon.

73. À MADAME FÉLIX HÉMON

Londres 29/11/04.

Ma chère maman,
        Je dois t'accuser réception en même temps du paquet
qui est arrivé à bon port, et de la lettre contenant le mandat.
Un merci général.
        Le paquet contenait toutes les douceurs annoncées, où
la main d'une mère se révélait. J'ai anéanti le gâteau, attaqué
férocement le chocolat, et annexé en moins de rien les mendiants. Je ne me suis arrêté que devant les chaussettes, qui
dureront plus longtemps.
        La température continue à flotter entre le froid et l'humi-
dité, ce qui veut dire qu'elle est à la fois froide et humide,
sans exagération d'ailleurs. Cela n'a rien pour me déplaire,
et je me porte à ravir. *Christmas* approche, le roi de Portugal[39]
est un bien gros monsieur (il doit emporter une sale idée du
climat anglais); et je dîne tous les soirs à côté d'une bonne
dame qui est comtesse en ka (Soubuiska ou quelque chose
de ce genre), porte des robes défraîchies et a les plus beaux
avant-bras (au poids) que j'aie jamais vu[s]. Un de ses bras
ferait un corps très bien pour un homme vigoureux.

                                        Ton fils,
                                        L. HÉMON

74. À MADAME FÉLIX HÉMON

Londres 29/12/04.

Ma chère maman,
        La même lettre me servira à t'envoyer mes remerciements
pour les 150 f que tu m'as envoyés et à t'adresser mes souhaits
de nouvel an.

---

39. Carlos Ier, qui régna de 1889 à 1908, avant-dernier roi de Portugal,
    alors en visite officielle à Londres.

J'espère que, renforcés par les jurisconsultes[40], vous avez exterminé le pudding qui constituait mes étrennes; j'espère aussi que vous n'avez pas eu mal à l'estomac. Mon *Christmas* a été calme au-delà de toute expression; je me suis couché à 11 heures, après avoir célébré l'occasion en fumant un cigare de six sous.

Comme je n'attends ni cartes de visites, ni cadeaux, ni décorations, ni visites, cette époque de l'année ne se distingue pas beaucoup des autres. Je considère sans envie les gens qui reçoivent des cadeaux et sans pitié ceux qui en donnent. L'existence du facteur et des domestiques me fait néanmoins sympathiser avec cette dernière classe.

Je pardonne à Poule de ne m'avoir offert ni bijoux « en vrai or », ni titres de rentes, ni meubles; que ma grandeur d'âme lui fasse honte.

Je vous remerci[e]rai plus sérieusement de l'inaltérable patience que vous avez montrée toute cette année en m'envoyant régulièrement de l'argent; vous l'avez fait avec une simplicité et une absence de reproches que je n'oublie pas. Des souhaits ne sont jamais que des paroles en vain, mais je vous offre les miens pour l'année 1905, affectueux et sincères. Que le nouvel an vous soit clément; j'ai des tas de choses à souhaiter moi-même; mais je n'en désire aucune plus vivement que celles que je désire pour vous.

Vous embrassant tous.

Votre fils (et frère),

L. HÉMON

---

40. Plaisanterie pour désigner les étudiants en droit dans la famille ou chez les amis : Emile Charuel, Alain Hémon (?) et Roger Langeron.

1905

75. À MARIE HÉMON

London 20/1/05.

Bonne Vieille,

Ta prose si littéraire m'a comblé de joie. J'ai reçu sans reconnaissance les 10 f transmis, et estime que tu aurais bien pu m'envoyer la totalité du mandat. Néammoins [*sic*] je t'excuse en songeant au déchirement de cœur qu'a dû t'occasionner ledit envoi.

Dis à Mme Langeron[1] que j'ai reçu son envoi et sa carte postale et que je lui écrirai pour la remercier une année ou l'autre. Son épingle n'est pas plus moche qu'il ne faut.

Heureux, heureux au-delà de toute expression de savoir qu'Eugène[2] commence à recevoir les distinctions que lui doit la France républicaine. Il serait plus rationnel de lui donner le poireau[3], qu'il pourrait porter à l'oreille, comme du persil. Mais les palmes ne sont que le commencement de la brochette. Songe-t-il à la dictature ? Je lui serre la main avec émotion.

Nelly Cormon[4] en Vénus[5], ça m'a rappelé les petits jeux dans l'antichambre, quand on se tutoyait tous et qu'elle traitait

---

1. Amie intime de la famille Hémon, mère de Roger Langeron.
2. Eugène Onfroy dont il a déjà été question précédemment.
3. Terme familier pour désigner la décoration du Mérite agricole. En réalité, Eugène Onfroy, qu'on jugeait d'intelligence limitée, venait de recevoir les « palmes académiques » (décoration offerte, en France, aux enseignants). Une fois de plus, Hémon s'en prend à ce cousin éloigné en suggérant qu'on eût aussi bien fait de lui offrir le Mérite agricole que les palmes académiques.
4. Amie d'enfance de Louis Hémon. Les Cormon étaient les voisins des Félix Hémon, rue Vauquelin, à Paris.
5. Nelly Cormon était d'une beauté remarquable. Elle venait d'être choisie pour personnifier Vénus sur une scène parisienne.

Albert Huet[6] de macaque. Elle m'embrassait avec une affection fraternelle ... enfin ! ça ne m'a rien coûté (j'ai bien fait de m'y prendre de bonne heure).

Embrasse maman et papa pour moi.

Ton frère *cadet* (24 ans et des mois).

L. HÉMON

76. À MADAME FÉLIX HÉMON

London[7] 30/3/05.

Ma chère maman,

J'ai bien reçu ta lettre, me faisant part de mariages et nominations diverses. S'il y avait un Gouvernement, comme dit Déroulède[8], on ne laisserait pas le jeune Bompard se marier[9]; mais ça m'est égal. L'élévation subite de Roger à de vertigineux honneurs m'a fait bien plaisir; il ne lui manquait plus qu'une fonction de ce genre-là pour être complet; je donnerais bien quatre sous pour être présent à un banquet où il représentera son ministre, afin d'avoir le plaisir de le dis-créditer [*sic*] à jamais. Le métier a d'ailleurs du bon, vu qu'on est partiellement nourri[10].

Tu peux dire à Poule que j'ai fait il y a huit ou dix jours un tas de magazines à son intention; j'ai même mis de la

---

6. Fils de vieux amis de la famille Hémon. Bretons d'origine, les Huet séjournaient souvent à Paris. Durant leur enfance, Nelly Cormon, Albert Huet et Louis Hémon avaient eu fréquemment l'occasion de jouer ensemble.

7. La lettre porte l'en-tête imprimé de Ryley & Co., 88 Bishopsgate Street Within, employeur de Hémon à Londres.

8. Ecrivain et homme politique français (1846-1914). Type du patriote revanchard d'après la guerre de 1870.

9. Joseph Bompard, fils du meilleur ami de Félix Hémon. (M. Bompard était inspecteur général des lettres, comme Félix Hémon.) Joseph Bompard s'était marié très jeune à une époque où cela ne se faisait pas et pour cette raison un peu contre le gré de ses parents.

10. Roger Langeron, qui commençait sa carrière dans l'administration, était alors attaché au cabinet d'un ministre qui l'avait « prêté » à Clemenceau. Réputé le type même de l'arriviste, on lui reconnaissait toutefois des qualités d'intégrité et de finesse diplomatique.

ficelle autour; un jour qu'il y aura du soleil et que je me sentirai énergique je le lui enverrai. Car le soleil ne veut rien savoir pour jouer honnêtement au printemps; par ce temps de grèves il s'abrite derrière un voile épais de nuages et de brouillard, et regarde en rigolant les gens qui prennent des rhumes; car il fait très froid. Inutile de dire qu'en fait de verdure, bourgeons, etc. tous les accessoires d'avril, c'est macache et midi sonné, comme doit dire le ministre de Roger. Quand je me sens morose je songe à cette jeune poire faisant une tête officielle au banquet annuel des exportateurs de vol-au-vent, et je passe quelques bons moments.

Je crois que j'ai oublié la phrase coutumière t'affirmant solennellement que ma santé était florissante. La voilà ! Il faut mettre Papa dans le coin s'il abîme ses pantalons; mais ces inspecteurs en tournée, n'est-ce pas, il faut bien leur passer quelques joyeuses farces et cabrioles.

Ton fils,
L. HÉMON

77. À MADAME FÉLIX HÉMON

London 15/4/05.

Ma chère maman,

D'après ce que tu me dis dans ta dernière lettre, je crois bien que je vous trouverai encore au 26 de la rue Vauquelin la première fois que j'irai à Paris. Le petit coin que tu désirerais avoir pour me recevoir n'est pas nécessaire; mais cela ne veut pas dire que je ne serai pas toujours heureux de vous revoir de temps à autre. Il ne faut pas, en règle générale, faire des compliments aux enfants parce que ça les rend insupportables mais je suis prêt à reconnaître que tu es une mère fort satisfaisante, et (ne le dis à personne) j'ai quelquefois envie de faire le voyage de Paris pour aller te le dire. Le même compliment s'étend à Papa. Poule n'est qu'un ramassis de tous les vices et de toutes les incompétences.

Il fait un temps délicieux, printanier au possible, et je rajeunis d'un an par jour.

Je t'embrasse,
L. HÉMON

78. À MADAME FÉLIX HÉMON

London 29/6/05.

Ma chère maman,

J'ai bien reçu lettre et mandat, dont je te remercie. Note, s'il te plaît que ma nouvelle adresse est :

12 Riding House Street
Regent Street
London. W.

Dans la maison que je viens de quitter (après 20 mois) j'étais abreuvé de musiques et de chants affolants; la dernière manie parmi les pensionnaires de cette Salpêtrière[11] consistait à faire semblant de parler français. Ils en savaient bien six mots par tête, et ne se comprenaient entre eux qu'avec un interprète. Mon système nerveux pourtant rudimentaire n'a pu y résister.

La maison où j'ai transporté mes pénates est située derrière Queens' Hall qui est comme qui dirait la Salle Érard[12] de l'endroit. Mais la musique quand il y en a, n'est pas assez bruyante pour me gêner, et mes fenêtres étant juste en face de la sortie des artistes je peux leur jeter des boules de papier sur la tête. C'est une sorte de revanche.

Il fait toujours assez chaud, avec menaces de pluie. Pour plus amples détails attendez l'automne.

Ton fils,
L. HÉMON

---

11. Hôpital de Paris où l'on soigne les malades mentaux.
12. Salle de concert à Paris.

79. À MADAME FÉLIX HÉMON

London 13/7/05.

Ma chère maman,

J'ai bien reçu ta carte et ton mandat, dont je te remercie. Je regrette beaucoup de ne pouvoir aller me retremper à Beg-Meil ou ailleurs; voilà en effet longtemps que nous ne nous sommes vus, mais je pourrai certainement faire une courte visite à Paris vers les derniers jours de l'année; il y a à ce moment des billets à prix réduits.

Je félicite cordialement Alain[13] d'avoir renoncé pour de bon aux subtilités de la place du Panthéon. Je lis dans les journaux qu'il fait très chaud à Paris et j'espère que vous n'êtes pas trop fatigués. Plus tôt vous partirez pour la Bretagne et mieux vous vous en trouverez.

J'espère également que la coqueluche des petites cousines[14] ne sera, n'est ou n'a pas été trop sérieuse; la petite maison[15] me paraît le remède tout indiqué !

Amitiés à Papa et Marie.

Ton fils,
L. HÉMON

80. À MADAME FÉLIX HÉMON

London 25/7/05.

Ma chère maman,

J'ai reçu ta lettre et ton mandat, dont je te remercie. Je regrette de ne pouvoir aller vous rejoindre à Lanrose[16], qui doit

13. Alain Hémon, fils de Louis Hémon (député). Il est possible que le passage veuille dire qu'Alain a renoncé aux études de droit.
14. Il s'agit des sœurs d'Alain Hémon.
15. *Lanveur,* petite maison voisine de Bréhoulou où les Louis Hémon passaient alors leurs vacances.
16. Lanrose, plage des environs de Beg-Meil, située tout près de Bréhoulou où la famille Hémon séjournait alors.

être certainement plus agréable à habiter que Riding House Street, surtout quand il fait chaud. Car il fait chaud, juste assez pour que cela commence à être désagréable, mais sans exagération.

J'espère que tu vas effectuer une cure complète à Lanrose, et que tu ne gâteras pas tes vacances avec des soucis de linge et de vaisselle. Si jamais je puis me replonger au sein de la simple nature je veux oublier l'usage de ces choses. Mais Poule est là, et avec la tête de banquier que nous lui connaissons tous elle va monter votre demeure d'une façon somptueuse.

Tu ne me parles pas des mômes. Je suppose que leur coqueluche est oubliée.

Amitiés à Papa et Poule.

Ton fils affectueux,

L. HÉMON

81. À MADAME FÉLIX HÉMON

London 10/8/05.

Ma chère maman,

J'ai bien reçu en leur temps la lettre et le mandat, dont je te remercie. Reçu aussi la carte postale m'apprenant que vous étiez installés, plus ou moins, à Beg-Meil. Votre villa porte un nom bien frivole et convenant peu à des gens posés et respectables comme papa et toi et une personne de poids comme Marie.

Depuis le 1er août je ne sors plus qu'en casquette et profite des plus courts intervalles pour me mettre en costume de bain dans ma chambre. Quand je suis dans la rue je respire profondément, j'affecte une démarche insouciante et libre de Monsieur qui est à des kilomètres des grandes villes; enfin j'emploie toutes sortes d'ingénieux artifices pour remplacer les plages absentes. Ce n'est pas la peine de me prendre en pitié, car réellement depuis que j'ai adopté ce régime mon teint brunit et j'engraisse; tout en ce monde n'est que conviction et les illusions sont faciles aux âmes simples.

J'espère que vous allez vous retaper complètement à Beg-Meil; Papa va se reposer et dépouiller les campagnes de champignons et de noisettes, Vieille Poule va boucher les horizons et j'espère que toi tu vas te remettre tout à fait de tes récentes misères.

Amitiés à tout le monde, oncle Arthur et tante Louise[17], leur chien et leur personnel, et les autres oncles tantes et cousins de la petite maison.

Ton fils,
L. HÉMON

82. À MADAME FÉLIX HÉMON

London 2 Décembre 05.

Ma chère maman,

Reçu lettre et mandat, et merci.

Puisque mes lettres t'attristent[18], je m'en vais revenir au bon vieux système des cartes postales. Je suis désolé de ne pas être meilleur dans le genre tendre, mais je n'y peux réellement rien. Sois convaincue que je t'aime de tout mon cœur, mais ne me demande pas de le répéter trop souvent, car ça ne m'est vraiment pas naturel. Il ne faut pas non plus te désoler que je n'aie rien trouvé, car il est assez probable que je ne trouverai pas davantage d'ici assez longtemps; je ne cherche d'ailleurs que modérément; car ce que je pourrais obtenir immédiatement ne serait qu'une situation peu ou pas du tout rétribuée et sans chance d'amélioration. Il est plus important pour moi de mettre mon anglais au point et d'apprendre un certain nombre de choses, que de sauter sur le premier emploi venu; j'ai de quoi occuper mes loisirs entre

---

17. Arthur et Louise Buzaré. Rappelons ici que leur chien, Moïse, était extrêmement attaché à Louis Hémon.
18. Ces lettres qui ont « attristé » Mme Hémon ont manifestement disparu.

la sténographie, l'arithmétique commerciale (que Dieu pata-
fiole leur système monétaire) et autres talents de société aussi
agréables. S'il ne se présente pas d'occasion convenable d'ici
un mois, je tâcherai de m'arranger pour suivre des cours ad hoc
jusqu'au printemps.

Il fait beau et froid; avec des menaces de neige.

Je te charge de faire parvenir mes bénédictions à tous les
gens qui se marient et je vous embrasse tous.

L. HÉMON

83. À MADAME FÉLIX HÉMON

London 15 Déc. 05.

Ma chère maman,

J'ai bien reçu ta lettre et ton mandat, dont je te remercie.

Si j'ai attendu jusqu'à aujourd'hui avant de t'en accuser
réception, c'est que je voulais pouvoir te dire en même temps
ce que je ferais à Noël. À vrai dire je n'avais pas l'intention
d'aller à Paris dans l'état de choses actuel, bien que ce fût
une excellente occasion de vous revoir, puisque cela fera, au
point de vue anglais, trois jours fériés de suite.

Il se trouve pourtant que je viens de changer d'avis; la
raison principale étant que, à partir de maintenant, j'aurai
heureusement moins besoin de votre charité. Dès la fin de
janvier 100 f par mois me seront amplement suffisants, et
j'espère fermement que ces subsides pourront être supprimés
tout à fait dans 3 ou 4 mois.

Il vous a probablement été pénible à plusieurs points de
vue de m'entretenir complètement pendant un aussi long temps;
c'est une habitude ridicule qu'on fait prendre aux enfants de
manger régulièrement plusieurs fois par jour, elle leur reste plus
tard et les soumets [sic] à toutes sortes de dépendances; en outre
le climat de Londres n'est pas propice au complet en feuilles
de bananier qui conviendrait à mes goûts simples. J'ai donc
eu recours sans pudeur à votre assistance, et vous avez été

admirables; mais je crois que je serai encore infiniment plus soulagé que vous quand j'aurai quémandé le dernier billet.

Écrivez ces deux années d'entretien sur le registre des « folies de jeunesse », ça remplacera les dettes des bons jeunes gens des comédies.

J'écrirai dans les premiers jours de la semaine prochaine pour vous parler de mon voyage. Amitiés à Papa et Poule.

Ton fils,
LOUIS

P.-S.   N'oublie jamais sur tes enveloppes de mettre W à la suite de mon adresse, ou West, ça fait une différence de 12 heures.

1906

84. À MADAME FÉLIX HÉMON

London, 20 Jan. *1906.*[1]

Ma chère maman,

J'ai bien reçu en son temps ta lettre de l'autre jour; et suis inexprimablement heureux de savoir que Poule, radieuse de grâce noble dans sa chaste toilette blanche, a rempli ses fonctions de demoiselle d'honneur à la satisfaction générale.

Quant à la question budget, ce qui m'arrangerait le mieux, serait que tu m'adresses un mandat au reçu de cette lettre, si possible, de façon que je l'ai[e] lundi ou mardi.

Après cet envoi tu pourras envoyer, si tu veux, mensuellement, c'est-à-dire vers le 10 de chaque mois, par exemple. Fais-moi savoir si cela ne te gêne pas.

Amitiés à tous.

Ton fils,
L. HÉMON

P.-S. Dis à Papa que le tonnage est bon marché à Odessa sur la Méditerranée et l'Espagne[2].

---

1. Cette lettre porte l'en-tête imprimé de Ryley & Co.
2. Il s'agit assurément d'une plaisanterie.

85. À MADAME FÉLIX HÉMON

London[3] 3/2/06.

Ma chère maman,

J'ai reçu ta lettre d'hier soir; et si je te réponds dès aujourd'hui c'est que demain étant dimanche les employés de la poste resteront dans leurs familles au lieu de travailler.

Voilà que dans votre insatiable soif de dignités vous attendez encore une distinction. Naturellement je souhaite de tout mon cœur qu'elle vienne fleurir encore la boutonnière à Papa; mais j'espère aussi qu'il n'y attache pas plus d'importance que cela. Ça fait très bien sur les cartes de visite, évidemment; mais si elle ne vient pas je suppose que vous saurez vous y résigner, avec l'aide de quelques réflexions bien senties sur la corruption des temps et la dignité hautaine de la famille.

Mr Langeron a acquis à coups de canne la notoriété[4]. J'espère qu'il saura montrer l'énergie nécessaire et que le Gouvernement en général va guillotiner par douzaines les sales petits boufres à particule qui vont faire du chiqué sur les marches des paroisses.

Momentanément, tout au moins, c'est-à-dire pour quelques mois je vais pouvoir me passer tout à fait de subsides. Je regrette évidemment que ça ne soit que momentané mais ça vous permettra toujours de faire des économies pour Poule. Je te ferai savoir dans le courant de la semaine prochaine si les galions sont arrivés à temps pour rendre inutile l'envoi du 10.

Amitiés à Papa et Poule.

Ton fils,
L. HÉMON

---

3. Cette lettre porte l'en-tête imprimé de Ryley & Co.
4. Ami de la famille Hémon, professeur à Brest au moment de la naissance de Louis. M. Langeron était alors maire du Ve arrondissement, quartier des étudiants à Paris. Selon Lydia Kathleen Hémon, il aurait donné des coups de canne à de jeunes manifestants de l'Action française qui l'avaient insulté publiquement.

86. À MADAME FÉLIX HÉMON

London 14/2/06.

Ma chère maman,

J'ai bien reçu en leur temps et ta lettre et celle de Poule.

Tu peux dire à cette dernière que j'ai tiré grand profit de ses sages conseils. Je me suis même occupé sérieusement de son cadeau. Mais dans ces contrées barbares je n'ai pu trouver aucun objet assez somptueux et assez artistique pour convenir à son goût si délicat. J'ai donc acheté des chemises — d'homme — et ne me suis aperçu qu'un peu plus tard qu'elles ne pourraient pas lui être utiles. Je les porte donc moi-même.

Quant à ses conseils d'économie, tu peux lui confier en secret que je me suis lancé dans de hardies spéculations, où sont déjà engagés tous mes capitaux disponibles, et une partie des siens. Mais qu'elle n'aie [sic] aucune crainte.

La direction du canard jaune[5] qui m'a récemment donné 500 f à titre gracieux m'avait demandé la permission d'écourter et d'éclaircir ma production avant de la reproduire dans ses colonnes. On a dû confier ce travail à un journaliste sentimental et ivre. Je me suis senti tout attendri moi-même en lisant la petite histoire qu'il a substituée à la mienne. Mais je n'ai pas d'amour-propre littéraire, et la bonne galette m'a amplement consolé !

Je ne sais si je peux féliciter officiellement Papa de sa nouvelle dignité[6]. Tant que la nouvelle n'est annoncée que par un collègue... ces inspecteurs sont de si parfaits petits

---

5. Le « canard jaune » en question est *l'Auto,* journal sportif de Paris, dans lequel on lit, le 3 février 1906 : « Nous avons déjà indiqué les noms de deux des lauréats de notre concours. Nous pouvons aujourd'hui publier celui de l'auteur de la copie classée première. C'est M. Louis Hémon, résidant à Londres. M. Hémon est un très fin lettré, comme du reste nos lecteurs pourront en juger par la publication prochaine de son envoi, *la Conquête.* » La nouvelle parut en première page de *l'Auto,* le lundi 12 février 1906.

6. La rosette de la Légion d'honneur, comme l'indiquent la lettre précédente et la lettre suivante.

farceurs que je n'ai qu'à moitié confiance. Je lui adresse toujours des félicitations provisoires.

Ton fils,
L. HÉMON

87. À MADAME FÉLIX HÉMON

London[7] 20/2/06.

Ma chère maman,

J'ai bien reçu en son temps ta lettre et le mandat de 100 f qu'elle contenait. Je suis tenté de crier, n'en jetez plus, la cour est pleine; car les galions étaient arrivés et cet envoi était par conséquent superflu. À la réflexion je préfère même le renvoyer, et tu trouveras un billet de 100 f sous ce pli. Ce n'est pas le geste noble du Monsieur qui repousse les présents d'Artaxerxès, mais vraiment tant d'argent à la fois dans les mêmes mains est une offense à la divinité.

J'ai également reçu le numéro du *Temps* qui annonçait, cette fois de façon officielle, la rosette paternelle[8]. Je me rends compte que j'aurais dû écrire à Papa; mais à vrai dire mon vocabulaire de félicitations, est, par manque d'habitude, sans doute, des plus incomplets, et j'imagine que Papa, à part une satisfaction légitime, n'y attache pas plus d'importance que cela.

Il fait depuis 8 ou 10 jours un temps à ne pas mettre un Marocain dehors. Paris dans ses jours les plus vaseux peut à peine vous en donner une idée. Aujourd'hui pourtant il y a un léger progrès.

Amitiés à Papa et Poule.

Ton fils,
L. HÉMON

---

7. Cette lettre porte l'en-tête imprimé de Ryley & Co.
8. Félix Hémon est devenu officier de la Légion d'honneur.

88. À MADAME FÉLIX HÉMON

London[9] 28/2/06.

Ma chère maman,
    Rien de nouveau à te dire, mais pour t'éviter des efforts d'imagination en songeant à toutes les infirmités diverses dont je pourrais être atteint, je t'écris ces quelques lignes. C'était hier, je crois, Mardi gras, mais ici on ne s'en aperçoit guère; seule la coutume des crêpes subsiste, et encore l'article n'est-il généralement pas épatant. Je me suis abstenu d'en consommer hier. Je donnerais bien quatre sous pour une douzaine ou deux de crêpes de Marie-Jeanne[10], avec des tas de beurre dessus. Il y a une compensation, c'est qu'on est ici délivré du confetti, ce diminutif de crêpe.
    J'espère que Papa s'abrite des intempéries sous une rosette imposante[11]. J'espère aussi que Poule prospère. Comment va son anglais? Veut-elle des magazines?
    Vous allez encore avoir le bonheur de voir Teddy[12]; il est décidément par trop francophile, ça devient de l'abus.

Ton fils,
LOUIS HÉMON

89. À MADAME FÉLIX HÉMON

London W 8/3 *1906.*[13]

Ma chère maman,
    Pendant que vous vous battez dans les églises et que

---

9. Cette lettre porte l'en-tête imprimé de Ryley & Co.
10. La bonne des Arthur Buzaré, à Bréhoulou.
11. Il s'agit évidemment de la rosette de la Légion d'honneur, dont il a été abondamment question dans les lettres précédentes.
12. Impossible de retrouver l'identité de ce Teddy.
13. Cette lettre porte l'en-tête imprimé de Ryley & Co.

vous renversez les Ministères[14] nous jouissons ici d'un commencement de printemps. Je devrais dire nous jouissions,
car ce matin le temps n'a rien de séduisant; mais pendant
deux jours il a fait une température de juin et ce sont des
accidents qui méritent d'être signalés.

Je suis asser [sic] perplexe au sujet de mes 28 jours[15].
Toute réflexion faite j'attends la convocation et je tâcherai
d'aller les faire. Ça me fera plaisir de revoir la délicieuse
campagne de Beauce, aussi de faire sentir aux pères de famille
le poids de mon autorité féroce; et puis je compte fermement
que lorsqu'on saura que pendant tout un mois je serai à
Chartres avec un grand fusil et des gros souliers, ce crâneur
de Guillaume[16] va cesser de vous la faire.

Dès que je serai fixé là-dessus d'une façon définitive, je
vous le ferai savoir.

Je ferai un de ces jours un paquet de publications à
destination de Poule; qu'elle s'instruise en s'amusant; et qu'elle
communique les produits de ses méditations aux jeunes gens.
Papa doit être maintenant parti; j'espère que vous avez de
bonnes nouvelles de lui.

Je te remercie de tes offres. Mais il est inutile de m'envoyer des choses que, après tout, on peut se procurer même
en ces contrées sauvages, comme du beurre et des saucisses.
Naturellement s'il se présentait une occasion spéciale de produits
alimentaires particulièrement rares et succulents, tu pourrais
m'en envoyer une petite quantité! Mais je peux fort bien
m'en passer.

Amitiés à Poule, à Papa et aux jeunes boufres, sans
compter les petites cousines[17].

Ton fils,
L. HÉMON

---

14. Le 11 février 1906, Pie X condamne la loi votée par les Chambres
    françaises sur la séparation de l'Eglise et de l'Etat. Réclamé par le
    gouvernement, l'inventaire des objets du culte heurte la sensibilité
    des catholiques et provoque une vive résistance.
15. Courte période d'entraînement militaire à laquelle sont appelés ceux
    qui ont déjà terminé leur service régulier.
16. Guillaume II d'Allemagne.
17. Enfants de Louis Hémon, le député.

Chartres, le 190

Ma chère maman.

Reçu lettre et monnaie.

Je vous recevrai dans Chartres avec le plus
grand plaisir ; mais — à vrai dire, du
fond de mon cœur de mauvais fils, je ne
vous engage pas à venir.

V

Lettre de Hémon
du 13 décembre 1901 à Mme Félix Hémon

VI

Carte postale de Hémon
adressée de Londres (1903) à Mme Félix Hémon

(Collection de la Bibliothèque de l'Université de Montréal)

VII

Lydia O'Kelly
vers l'âge de vingt-cinq ans

(Photo : Park. Collection de la Bibliothèque de l'Université de Montréal)

VIII

Lydia Kathleen Hémon
fille de Louis, âgée de trois ans (août 1912)

(Photo : Debenham. Collection de la Bibliothèque de l'Université de Montréal)

90. À MADAME FÉLIX HÉMON

London[18] 20/3/06.

Ma chère maman,

Je n'ai pas grand'chose de nouveau à raconter; mais je ne veux pas attendre plus longtemps pour te donner encore une fois de mes nouvelles. Le printemps se montre par courtes périodes de soleil pâle, qui rentre presque immédiatement dans son trou; et il fait très sale dans les rues.

Je m'aperçois que je n'ai pas encore fait l'envoi promis de magazines. Il n'est pas mauvais de faire attendre ses bienfaits, ils excitent plus de reconnaissance quand ils arrivent, et le paquet arrivera un jour ou l'autre, nous sommes encore jeunes, Poule et moi, encore que nous ne soyons plus tout à fait aussi jeunes que nous l'avons été.

Mais ces profondeurs philosophiques m'épuisent. Je ne les continuerai pas, et comme je n'ai plus rien à dire je me contenterai d'apposer une signature qui n'a jamais menti (c'est [*sic*] pas de sa faute, le monde est si défiant), au bas de cette page.

Ton fils,
L. HÉMON

91. À MADAME FÉLIX HÉMON

London[19] 18/4/06.

Ma chère maman,

Ne trouvant pas de plume sous la main, j'emploie des moyens de correspondance plus perfectionnés, et aussi plus lisibles que ma calligraphie ordinaire. Je ne sais si tu as reçu une carte postale adressée au crayon que je t'ai envoyée d'East-

---

18. Cette lettre porte l'en-tête imprimé de Ryley & Co.
19. Cette lettre est dactylographiée et porte l'en-tête de Ryley & Co.

bourne[20]. Le temps était si extraordinairement beau samedi que je me suis promis que moi aussi je me paierais des vacances et même des vacances au bord de la mer. Les Compagnies de chemins de fer ayant refusé d'organiser un train spécial, pour ne pas me mêler au vulgaire j'ai pris le train 11, en d'autres termes je me suis rendu de Londres à la côte avec l'aide de ces instruments démodés, mes pieds. Comme je n'ai pu quitter Londres qu'assez tard le samedi, après deux heures de marche j'ai été coucher dans une infime auberge qui s'est trouvée être très confortable; mais le lendemain je suis parti de bonne heure et j'ai fait mes soixante kilomètres avec le sourire, ce qui m'a mené à une quinzaine de kilomètres de la côte pour passer la nuit; le lendemain j'ai fini le voyage sans me presser et j'ai passé toute la journée à plat dos et à plat ventre alternativement sur la grève, avant de regagner Londres par un train du soir. Temps radieux d'un bout à l'autre, pas trop chaud pourtant, et soleil si éclatant que ma peau délicate a pris en deux jours une teinte saumon assez artistique. Ça m'a fait plaisir de revoir l'eau.

J'avais l'intention d'envoyer une carte à Poule et à d'autres ne serait-ce que pour prouver ma présence dans des endroits bien; mais je n'ai pu me procurer qu'un timbre.

J'espère que Papa et toi êtes en bonne santé et que Poule prospère à St-Brieuc[21]. Il a fait tellement beau pendant quelque temps que le temps a maintenant changé et il fait de nouveau froid et pluvieux, mais les congés étant passés je m'en moque, naturellement.

Fais savoir à Pelvey[22] que je lui souhaite toutes sortes de prospérités, lui et sa machine à ferrer les chauffeurs ou à chauffer les fers. Mon camarade Schmit[23], à qui tu as donné mon adresse, m'annonce son arrivée à Londres au début du mois prochain. Rien d'autre... Amitiés à Papa, à Poule quand tu lui écriras et aux autres.

Ton fils qui t'aime,

L. HÉMON

───────

20. La carte en question se lit simplement : « Moi aussi, ma petite maman, je prends des vacances. »
21. Marie Hémon est alors en séjour chez Prosper Hémon, son oncle.
22. Louis (?) Pelvey, camarade d'enfance de Hémon. Il était ingénieur.
23. Maurice Schmit, le meilleur ami de Hémon. Ensemble au régiment, ils avaient déjà été camarades de lycée à Louis-le-Grand et s'étaient retrouvés plus tard en Angleterre.

92. À MADAME FÉLIX HÉMON

Londres 1/5/06.

Ma chère maman,

Bien que je n'aie rien de nouveau à te dire, j'écris ces quelques lignes pour que tu aies de mes nouvelles. J'imagine que les massacres du 1er mai se seront passés sans vous; j'ai vu avec émotion que mon vieux 102 était venu de Chartres pour assomer [sic] les Parisiens, et j'ai déploré de n'avoir pas eu les mêmes amusements à l'époque où j'en faisais encore partie[24].

Tu m'annonçais pour samedi le départ d'Alain[25]; comme je n'ai pas encore eu de nouvelles je suppose qu'il a retardé son départ de quelques jours pour éviter l'encombrement causé par les innombrabres [sic] froussards qui sont venu[s] se réfugier ici pendant la période tragique.

Surtout retiens Poule. Je connais son naturel aventureux et je la sais capable des plus dangereux coups de tête. Je compte sur toi pour la modérer[26].

Le printemps paraît en avoir eu assez et a disparu; ce n'est pas non plus l'été qui est venu; c'est une saison interlope qui se résume en froid et en pluie.

Amitiés à Papa et Poule et à votre jeune pensionnaire[27]. J'espère qu'elle ne se meut qu'avec respect dans l'enceinte sacrée du bout du couloir[28].

Ton fils,
L. HÉMON

---

24. Hémon parle évidemment de façon ironique. On imagine mal l'auteur de *Colin-Maillard* se réjouir à l'idée d'aller taper sur les ouvriers parisiens qui manifestaient, en cette première célébration du 1er mai comme fête du travail, pour la journée de huit heures. Clemenceau, qui avait interdit les manifestations ouvrières ce jour-là, avait fait venir l'armée à Paris, d'où bagarres dans les rues et affolement des bourgeois.

25. Alain Hémon, cousin de Louis, part de Paris pour Londres.

26. Hémon fait ici semblant de croire que sa sœur aurait pu aller se bagarrer dans la rue.

27. Marguerite Charuel, fille du premier mariage de Mme Prosper Hémon.

28. La chambre que Hémon occupait chez ses parents, rue Vauquelin.

93. À MADAME FÉLIX HÉMON

[Londres] 17/5/06.

Ma chère maman,

J'ai bien reçu en son temps ta lettre et le mandat qu'elle contenait et dont je te remercie.

Je crois t'avoir déjà dit dans ma dernière missive que j'avais reçu Alain ici; je continue naturellement à le voir fréquemment dans la soirée et jusqu'ici il ne manifeste pas le moindre symptôme de nostalgie ni de désespoir de s'être séparé de sa nombreuse famille.

Je suppose que vous faites déjà des préparatifs imposants pour votre invasion de juin. Que Poule apporte ses plus riches ornements et ses harnais les plus étincelants; qu'elle fourbisse aussi son vocabulaire; ses premières discussions avec la poli[c]e de la Cité sont des réjouissances que je me promets depuis longtemps pour m'encourager à être sage. Je ne me souviens pas si vous m'avez dit combien de temps durerait votre visite. J'ose espérer que vous pourrez vous arracher aux exigences du protocole une ou deux fois pour que nous refassions connaissance[29].

Il a fait très beau pendant quelques jours et il fait de nouveau froid, par comparaison, et je me porte bien, et il ne se passe rien qui vaille la peine d'être immortalisé, et nous remettrons la suite à la prochaine.

Amitiés à Papa et Poule.

Ton fils,
L. HÉMON

Si vous alliez coucher à Calais la veille du départ ! il vaut mieux être en avance qu'en retard et le bateau n'attend personne. Mais oui mon petit.

---

29. Invitation officielle faite par l'université anglaise (c'est-à-dire Oxford et Cambridge) à l'université française (Paris). Félix Hémon était accompagné de son collègue Lucien Poincaré, inspecteur des sciences, rappelons-le. Mme Poincaré, Mme Hémon et sa fille étaient aussi du voyage.

94. À MADAME FÉLIX HÉMON

London[30] 20/6/06.

Ma chère maman,

Comme vous m'aviez vu en bon état récemment j'ose espérer que mon retard de quelques jours à vous écrire n'aura inquiété personne. Le temps radieux que vous avez eu pendant votre séjour n'a pas duré; mais il semble être revenu aujourd'hui, et somme toute l'été ressemble assez à un été.

Poule, avec sa grande habitude des souverains et chefs d'État, ne doit pas manquer de faire une forte impression sur Sisowath[31]; si elle était, grâce à la grâce de ses manières, élevée au rang de danseuse sacrée, l'honneur en rejaillirait sur toute la famille.

Je ne vois réellement pas de nouvelles à vous annoncer. Il ne se passe rien à Londres qui vaille une mention ou que vous ne puissiez pas trouver dans les journaux. Alain est en bon état et gras comme un moine[32]; j'essaye quelquefois de troubler son repos et de [le] faire maigrir un peu, mais sans résultat. Amitiés à Papa, et Marie.

Ton fils,
L. HÉMON

95. À MADAME FÉLIX HÉMON

London[33] 31/7/06.

Ma chère maman,

Je ne sais pas au juste combien de temps il y a que je ne t'ai écrit, mais j'ai le pressentiment que si je n'écris pas de suite [*sic*] je recevrai une carte postale m'invitant à faire connaître

---

30. Cette lettre porte l'en-tête imprimé de Ryley & Co.
31. Réception officielle offerte en France pour le prince du Cambodge.
32. Rappelons qu'Alain Hémon, cousin de Louis, est alors en séjour à Londres.
33. Cette lettre porte l'en-tête imprimé de Ryley & Co.

toutes les maladies chroniques et contagieuses dont je suis en ce moment atteint.

Alain, comme vous le savez peut-être, a quitté Londres pour St-Brieuc et subséquemment d'autres endroits en Bretagne. Je crois me rappeler que vous ne partirez pas avant la seconde moitié d'août mais peut-être la pastorale Poule ira-t-elle avant vous se réfugier sur « les prés fleuris qu'arrose le Gulf Stream »[34].

Il fait assez chaud depuis quelque temps; mais sans excès, c'est très supportable. Heureusement car, pour employer le langage des Cours, je me brosserai de vacances[35]. Ça m'est tout à fait égal, car quand je ne vais pas au bain froid je peux toujours jouer à la mer à domicile avec des espadrilles, un tout petit caleçon de bains [sic] et une très grande éponge.

Tu m'invites à te donner des détails sur mon nouveau logement. Je ne sais pas trop quels détails donner; ma chambre est moins grande et moins meublée que celle que vous avez vue; mais il y a un fauteuil et un canapé recouverts en un velours vert orné de fleurs rouges qui est une joie pour les yeux. Il y a même un lit, et un petit balcon qui a l'air si peu solide que je n'y hasarderai même pas Poule.

À ce propos je peux suggérer quelques additions à mon mobilier que vous avez peut-être disponibles ou que vous pourriez manufacturer vous-même[s]. Je veux parler de poches, de forme quelconque, qu'on accroche au mur avec un clou et dans lesquelles on peut mettre des choses, ustensiles de toilette ou autres. Que l'étoffe soit perméable ou non n'a pas grande importance. C'est ce qui me manque le plus, ces machines qui ne sont pas des meubles à proprement parler et qui en sont tout de même. Au cas où vous prendriez la peine de les fabriquer vous-mêmes, je peux vous informer que le papier de ma chambre est d'une ravissante teinte sang rouillé. Mais surtout que ces ustensiles (1 ou 2 au plus) ne soient pas trop encombrants une fois emballés.

Amitiés à Papa et Poule; j'espère que l'été ne vous fatigue pas trop.

Ton fils,
L. HÉMON

34. Probablement Bréhoulou ou Saint-Brieuc.
35. Forme argotique pour dire : « je me passerai de vacances ».

96. À MADAME FÉLIX HÉMON

London 10/8/06.

Ma chère maman,

J'ai bien reçu en leur temps ta lettre et le mandat qu'elle contenait, dont je te remercie. J'ai aussi reçu une lettre du Bon Marché[36] m'annonçant le colis, et j'ai enfin reçu un peu plus tard, le colis lui-même.

Je me suis immédiatement mouché dans tous les mouchoirs; j'ai installé des ustensiles variés dans le sac imperméable et dans la machine à fleurettes et à poches. Mais le grand sac m'a laissé rêveur. Je l'ai toujours accroché au mur comme ornement en attendant de lui découvrir une utilité. Les trois objets ont d'ailleurs transformé mon local entièrement et lui donnent un aspect de splendeur impression[n]ante. Merci donc de votre munificence.

Le temps a changé depuis quelques jours et la chaleur de la semaine dernière n'est plus qu'un souvenir. Aujourd'hui il fait presque froid. Je vous souhaite d'excellentes vacances; mais le climat du moment ici n'a rien de pénible ni de désagréable et l'air est plus pur que celui des plages à la mode.

Mes félicitations sincères à Jean[37] pour son baccalauréat; le voilà sûr de son avenir !

Aux dernières nouvelles, je viens de mettre un vieux chapeau et un caleçon de bains [sic] dans le grand sac, et je me sens soulagé d'un grand poids.

Amitiés à Papa et Poule.

Ton fils,
L. HÉMON

---

36. Grand magasin de Paris.
37. Jean Hémon, deuxième fils de Louis Hémon (député).

97. À MARIE HÉMON

London 7/9/06.

Bonne Vieille,

J'ai bien reçu ta lettre de l'autre jour, de même que le mandat de 10 f, que j'ai immédiatement, comme tu penses, converti en valeurs sûres.

Il a fait plutôt chaud ici pendant quelque temps; de même qu'à Paris, du reste. Si vous avez eu ce temps-là à Beg-Meil je crains que ton teint blanc ne tourne au papier d'emballage, ce qui serait une perte irréparable. Mais au bord de la mer, spécialement pour quelqu'un qui aime comme toi, les sports placides, ceux où on ne fait rien et où on n'en pense pas davantage, le soleil n'est qu'un charme de plus.

Dans les rues de la Cité c'est moins délicieux, et ça vous donne des avant-goûts de l'éternité.

Si je me plains, d'ailleurs, c'est parce que j'ai vu dans les journaux qu'il faisait trop chaud; car personnellement je ne me suis pas aperçu que ça eut rien d'incommode sauf les **petits** ruisseaux que laissent derrière eux les gens gras.

J'espère que vous avez trouvé les autocrates de Bréhoulou[38] en bonne santé. J'espère aussi que vous allez profiter de vos vacances comme il faut, ne rien faire et devenir gras. Je souhaite à Papa des noisettes par cargaisons, et à maman et à toi tout ce que vous pouvez désirer à la place de noisettes. Amitiés à l'oncle Arthur et tante Louise, aux colons de la petite maison[39]; et Papa et maman; et sois sage.

L. HÉMON

---

38. L'oncle Arthur et la tante Louise (Buzaré) dont il sera question un peu plus loin dans la lettre. Hémon raille ici l'autoritarisme de sa tante qui rêvait, rappelons-le, d'asservir toute la famille à la carrière politique de son frère aîné.
39. *Lanveur,* où Louis Hémon (le député) allait passer l'été avec sa famille.

98. À MADAME FÉLIX HÉMON

Londres 14/9/06.

Ma chère maman,

Ayant été en retard pour ma dernière lettre je veux racheter ma paresse en répondant plus tôt cette fois.

J'ai bien reçu ta lettre et le mandat, dont je te remercie. Je te dis tout de suite que tu peux inscrire cet envoi comme le dernier, et qu'il est maintenant inutile de m'envoyer quoi que ce soit. Je sais bien que j'y ai mis le temps; mais vous avez été patients, et maintenant que c'est fini n'en parlons plus.

Le beau temps paraît bien avoir disparu pour de bon; il fait maintenant plutôt maussade, et on dirait déjà que Londres s'installe confortablement dans sa boue d'hiver. Inutile de répéter que je me porte à ravir. J'espère seulement que vous en faites autant et que Beg-Meil vous aura aussi bien réussi que le climat d'ici à moi. Mes amitiés à toute la famille, ou plutôt à toutes les familles diverses, et plus spécialement [à] Marie et Papa.

Ton fils,
L. HÉMON

99. À MADAME FÉLIX HÉMON

[Londres] 12 Octobre [1906][40].
Au 26 de l'ère Moi[41]

Ma chère maman,

J'attendais le 12 octobre en cachette, embusqué au coin du calendrier, et persuadé que personne n'y songerait, je me préparais d'avance à vous traiter de parents dénaturés, etc. Ta carte de ce matin est venu[e] briser mes espérances; mais je me console facilement.

---

40. Cette lettre porte l'en-tête imprimé de la Compagnie Algérienne de Phosphates, agence à Londres : 28/31, St Swithin's Lane, E.C., employeur de Hémon.

41. Rappelons que Hémon célèbre son anniversaire de naissance le 12 octobre.

Ne pouvant pas commander le dîner de la famille, je commanderai au moins le mien, demain; je projette même de boire du vin et de manger des choses de luxe. Peut-être inviterai-je Schmit[42], si je ne peux pas arriver à le persuader que c'est son devoir de me payer à dîner pour l'occasion.

Si Alain ne revient pas, la jeune Alice va passer le reste de sa vie dans le désespoir le plus noir[43].

Comme il faut que je me dépêche si je veux attraper la poste je terminerai en vous souhaitant à tous, vos anniversaires respectifs, ce qui est une sage précaution attendu que je ne sais pas les dates.

Amitiés à Papa et Poule,

LOUIS

P.-S. Je n'ai pas encore reçu l'article de bijouterie riche et contrôlé que Poule m'a certainement envoyé. J'ai déjà commandé un très beau cadeau pour le jour de l'An.

L.H.

100. À MADAME FÉLIX HÉMON

Londres 25/10/06.

Ma chère maman,

J'ai essayé de comprendre en quoi mon retard à vous faire connaître mon changement de situation[44] pouvait ressembler à un « manque de confiance » et je n'ai que très imparfaitement réussi. Quand vous apprenez que j'ai changé, vous n'avez qu'à songer que tout va bien, puisque c'est évidemment que j'ai trouvé quelque chose de mieux, et vous réjouir en conséquence.

Maintenant si le genre gai vous fait plaisir, vous en aurez tant que vous voudrez. Il ne faut pas t'imaginer, ma petite ma-

---

42. Maurice Schmit, le meilleur ami de Hémon, alors en séjour à Londres.
43. Le cousin Alain Hémon. Il a été impossible d'identifier « la jeune Alice ».
44. Il va sans dire que Mme Félix Hémon s'inquiétait vivement des fréquents changements d'emploi de son fils.

man, que je coule des jours sombres dans une mélancolie profonde au milieu de brouillards épais. Vous avez pu vous assurer que Londres est un endroit charmant et tu peux penser à moi comme vivant, gras et réjoui, au milieu de toutes sortes de plaisirs paisibles. Ce qui suit est un résumé authentique d'une journée normale.

À 7h ½ ou 8 heures je me lève tranquillement, quittant un lit moelleux pour poser mes pieds délicats sur de riches fourrures. Je prends deux petits instruments en fonte, pas très lourds et je les remue vaguement pendant un peu de temps pour me réveiller. Après je me lave, à moins qu'il ne fasse trop froid, puis je revêts du linge fin et des habits jolis à voir. Arrive alors un esclave qui m'apporte sur un plateau de vermeil des œufs, avec parfois du lard à côté, du pain, du beur[r]e, de la glucose qui ressemble à de la confiture. Les 20 minutes qui suivent ne regardent que moi et ma conscience.

Quand je me vois contraint d'abandonner la lutte, je sors et me dirige vers la Cité sans me presser aucunement. Une fois arrivé je ne fais rien jusqu'à 1 heure. À 1 heure je sors, mange des bananes ou autre chose (ça dépend de ma faim) et me promène dans les rues. À 2 heures je rentre et ne fais rien jusqu'à 5 heures. À 5 heures je pousse un long soupir d'homme épuisé et je m'en vais. Il y a des jours où je prends un bain, il y a des jours où je boxe, et il y a des jours où je ne fais rien. Mais ce que je n'oublie jamais c'est de dîner. Après j'aspire de la fumée par la bouche et je la rends par le nez, puis je lis des livres pieux ou des ouvrages de philologie ou d'histoire, pour m'amuser un peu. D'autres fois je consens à aller occuper une loge à quelque centième sensationnelle, ou bien à offrir un bouquet avec des diamants au milieu à une danseuse d'un mérite spécial.

Le lit moelleux dont il a été parlé plus haut me reçoit alors, et mon sommeil est peuplé de songes innocents et de chœurs d'archanges.

Si donc tu t'imagines jamais que j'ai à me plaindre de quoi que ce soit, tu pourras te référer au résumé authentique ci-dessus de ma douce existence.

Amitiés à Papa et Poule.

Ton fils,
L. HÉMON

101. À MADAME FÉLIX HÉMON

Londres 17/11/06.

Ma chère maman,

J'ai bien reçu ta lettre de l'autre jour, et également le livre de chez Pigier[45], et te remercie d'avoir bien voulu exécuter ma commission aussi rapidement. Il ne faut pas te dépêcher de conclure que vous ne me verrez pas du tout; si je ne vais pas à Paris vers Noël je m'arrangerai certainement pour y aller à Pâques ou pendant l'été.

Il fait toujours sale ici, et la belle Otero se marie[46]; de sorte que je me sens mélancolique. Ça ira mieux quand j'aurai passé l'après-midi à Pinner à me crotter consciencieusement [sic]. Car le samedi à 1 heure, c'est ici dimanche, pour parler comme Poule, et jusqu'au lundi matin on n'a rien à faire qu'à se livrer à la feignantise [sic] et l'orgie.

Il y a encore un roi ici en ce moment, mais comme il ne règne que sur un pays de second ordre, situé très loin, et que son nom est imprononçable, je ne me suis pas dérangé. Si mes souvenirs sont exacts vous m'annonciez récemment que Maurice Luchaire[47] projetait de se marier; ils sont étonnants ! Si vous le rencontrez lui ou quelqu'un de sa famille, transmettez-lui l'expression de mon extrême admiration pour sa belle conduite.

J'avais aussi l'espoir de l'imiter quelque jour, mais maintenant que la belle Otero est mariée, n'est-ce pas, je n'ai plus rien à faire qu'à aller noyer mon cœur brisé dans *a two eyed steak, two doorsteps and a cup of wet an* [sic] *warm* ce que je vais faire (donne ça à Poule à traduire pour occuper ses loisirs).

Amitiés à Papa.

Ton fils,
L. HÉMON

---

45. Ecole de secrétariat à Paris. Hémon avait suivi des cours chez Pigier. Le livre dont il s'agit est un livre de comptabilité commerciale.
46. Célèbre demi-mondaine d'origine espagnole.
47. Fils d'amis de la famille Hémon. Les Luchaire sont des gens que les Hémon voyaient beaucoup mais qu'ils aimaient peu.

102. À MADAME FÉLIX HÉMON

London
19 Décember [*sic*] 1906.

Ma chère maman,

J'espère que tu continues à ne plus t'inquiéter quand mes lettres se font attendre quelques jours, comme c'est le cas cette semaine.

Il faudrait un concours de circonstances miraculeuses pour que j'aille à Paris à Noël. Il ne faut donc pas s'y attendre. Je me fais représenter par le pudding de circonstance, que je viens d'emballer avec un soin extrême; j'estime qu'il faudra un acte de malveillance pour qu'il soit endommagé en route. Pour le cas où vous ne vous souviendriez plus de la recette, je la rappelle. Mettre l'objet, intact, c'est-à-dire entouré des linges et du pot qui le contient, dans un récipient plein d'eau bouillante (elle doit être déjà bouillante quand on l'y met) et l'y laisser bouillir tout le temps jusqu'au moment de dépoter et servir (deux heures au moins dans l'eau). Et ne pas épargner l'alcool. Si l'artiste Poule veut faire du pittoresque elle peut planter dedans une branche de houx, selon l'usage.

En ce qui concerne le cadeau des Langeron[48], il s'est produit un fait surprenant, à savoir que leur canif de l'an dernier est encore en ma possession; il a même encore toutes ses lames et presque toutes ses pointes. Inutile donc de m'en donner un autre cet[te] année. Néammoins [*sic*] puisque la coutellerie leur réussit, ils peuvent me donner un rasoir, dont j'ai en ce moment besoin. À défaut, qu'ils me donnent un aéroplane.

Il y a des moments où je n'ai envie de rien.
En ce moment j'ai envie :
de réveilloner [*sic*]
de manger du dindon avec des marrons dedans
[de manger] des marrons glacés
de me promener sur les grands boulevards
d'acheter à Poule un hanneton qui court au bout d'une ficelle

---

48. Amis de la famille.

d'aller dans des petits théâtres de la Butte[49]
de manger de la soupe aux choux
de porter des chaussettes roses à jours
d'aller à Monte-Carlo
d'aller vous voir
de manger du chocolat et des biscuits raffinés tout de suite
après être arrivé, pendant que vous dites tous les trois l'un
après l'autre d'un air étonné : « Il n'a pas mauvaise mine ! ! »
de tirer les cheveux de Louise et de Jeanne
d'aller sous les galeries de l'Odéon
de tirer les cheveux de Margot[50]
de manger des crêpes
de retourner sous les galeries de l'Odéon.

Comme je ne peux rien faire de tout cela, je me suggère
l'envie de fumer une pipe et d'aller me coucher après, et je
le fais.

Amitiés à Papa et Poule.

Ton fils,
L. HÉMON

Rouvre ma lettre. Viens de recevoir ta carte. Schmit[51] est à
Paris.

103. À MADAME FÉLIX HÉMON

Londres
31/12/06.

Ma chère maman,

La présente est à l'effet de te faire savoir, ainsi qu'à Papa
et Poule, que d'abord je n'ai pas oublié que c'était demain le
1er janvier, et ensuite que je n'ai pas oublié que je dois, à la
tradition d'abord, ensuite au vieux fonds d'affection qui s'obs-

---

49. La butte Montmartre, à Paris, bien entendu.
50. Louise, Jeanne et Margot, filles du député Louis Hémon.
51. Maurice Schmit dont il a été question précédemment.

tine dans mon âme par ailleurs bouchée à tous les nobles sentiments, de vous souhaiter toutes sortes de choses.

C'est assurément la plus longue phrase que j'ai écrite cette année, ce qui montre bien que la circonstance est solennelle. Longues phrases à part, je ne vous souhaite rien de précis parce que ça pourrait n'être pas ce que vous voulez; mais j'espère aussi fortement et aussi sincèrement que je le puis que vous passerez tous une bonne année à tous les points de vue et que 1907 ne vous apportera rien de plus terrible qu'un an de plus, ce dont vous serez, je pense, assez philosophes pour vous consoler.

Si les facteurs font leur devoir et que le bateau ne sombre pas en route, cette lettre devra jouer le rôle du nommé Louis Hémon, qui était encore Lili[52] il n'y a pas si longtemps, et entrer dans votre chambre avec le chocolat pour vous apporter tout ce que j'ai à vous donner, c'est-à-dire la preuve que je ne vous ai pas oubliés et que je vous aime bien.

Baisers à tout le monde.

Ton fils,
L. HÉMON

---

52. Diminutif commun en Bretagne, particulièrement à Pleyben.

1907

104. À MADAME FÉLIX HÉMON

Londres
5 Mars 1907.

Ma chère maman,

J'ai bien reçu ta lettre, et regrette d'apprendre que Papa est enrhumé. Mais j'ose croire que vos soins, appuyés de l'indiscutable compétence de Poule, l'aideront à revenir en parfait état avant qu'il ne parte pour un voyage.

Je ne peux pas encore fixer de date pour mon voyage de Paris; ce sera peut-être bien à Pâques, et si je peux m'arranger pour que les deux ou trois jours de fête de Pâques soient compris dans mon séjour, il se pourrait bien que j'aille reprendre momentanément possession de *ma* chambre; car les prétendus droits de Poule me font sourire.

Dans le cas contraire, je vous verrai naturellement moins, pour la double raison d'abord que je serai assez occupé, ensuite que je ne serai pas seul, et que, naturellement, la princesse payant nos frais de voyage, nous serons supposés négliger toutes considérations qui n'ont pas un rapport immédiat avec le business[1]. Je donne ces explications pour éviter d'être traité de fils dénaturé au cas où je ne pourrais pas vous voir aussi souvent que je le voudrais. D'ailleurs on se reverra en été.

Quand ta lettre m'a parlé de fiançailles d'une certaine Marguerite[2], je me suis dit : « Ça ne peut pas être celle-là; ça

---

1. Voyage d'affaires que Hémon devait faire de Londres à Paris.
2. Marguerite Charuel, considérée comme une cousine, fille du premier mariage de Mme Prosper Hémon. Enfant, elle était obèse, mais après l'adolescence, sa taille était devenue normale. Elle devait épouser le docteur Gustave Tessier.

doit être une autre Marguerite que j'ai oubliée ! » J'en suis
encore aux temps de l'horrible bête, moi, ou à peu près. Mais
à la réflexion, ça doit être celle-là; j'attends maintenant avec
patience la nouvelle du mariage de l'autre Margot[3]; je crois me
souvenir qu'elle était très précoce.

Et un jeune docteur, encore ! Il y a toujours un docteur
dans ces mariages. Ou bien le Continent se peuple exclusive-
ment de médecins, ou bien est-ce qu'ils se marient tous un
nombre de fois surprenant. Pauvre Margot, avec sa dot et ses
illusions, s'embarquant, à son âge, pour un voyage sentimental !
Je caresse, métaphysiquement, ma longue barbe blanche. Pauvre Margot !

Je prends bonne note également du mariage Maurice
Luchaire[4], et lui renouvelle ma bénédiction. C'est tout ce
qu'il aura de moi. Si ça ne fait pas assez d'effet pour mettre
dans un écrin, j'y joindrais mes meilleurs souhaits et, comme
dernier ressort, le conseil de *Punch : Don't !*

Maintenant il ne me reste plus qu'à vous enjoindre d'être
tous en aussi bonne condition que moi quand nous nous
reverrons.

Amitiés à Papa et Poule.

Ton fils,
L. HÉMON

Je rouvre ma lettre pour y introduire un mot pour mon
oncle Louis[5], s'il est à Paris en ce moment. S'il n'y est pas,
tant pis.

L.H.

---

3. La plus jeune fille de Louis Hémon (le député). Margot était beaucoup plus jeune que Marguerite.
4. Fils d'amis de la famille Félix Hémon.
5. Louis Hémon, le député, bien entendu.

105. À MADAME FÉLIX HÉMON

28/31, St Swithin's Lane, London, E.C.[6]
9 Avril *1907.*

Ma chère maman,

J'ai bien reçu ta lettre de l'autre jour m'annonçant diverses choses, entre autres que vous aviez bien reçu les deux cartes[7] que je vous avais adressées au crayon pendant les congés de Pâques. Ne pouvant aller à Paris à cette époque j'ai mis mes gros souliers et [j']ai passé quatre jours à faire le chemineau. Je suis allé de Londres à Portsmouth et de Portsmouth à Brighton, fait 180 kilomètres en trois jours et suis revenu avec un teint de métis, car nous avons eu, comme vous aussi, je crois, un temps remarquable pour Pâques.

Les fiançailles de Gaston Pellat[8] m'ont laissé rêveur; d'autant plus rêveur que je l'avais laissé à Polytechnique, et tu me parles maintenant de Beaux-Arts ! Serait-il modèle ?

Quant à mon voyage à Paris, je ne puis encore fixer de date; mais j'espère toujours qu'il se fera. En tout cas j'aurai cette année 15 jours ou trois semaines de disponibles en été; si ce congé pouvait tomber à la bonne époque et me permettre d'aller vous retrouver en Bretagne, tout serait pour le mieux.

Amitiés à Papa et Marie.

Ton fils,
L. HÉMON

---

6. Adresse imprimée de la Compagnie Algérienne de Phosphates.
7. L'une de ces cartes, oblitérée de Brighton, 1er avril 1907, se lit laconiquement :
Lundi soir, fin de vacances.
L. Hémon
8. Ami de la famille, contemporain de Louis Hémon.

106. À MADAME FÉLIX HÉMON

Londres
17 Avril 07.

Ma chère maman,

J'ai bien reçu ta lettre, et m'empresse de te répondre, d'abord pour que ma lettre te parvienne avant que vous ne partiez pour Perpignan[9] (est-ce Perpignan ?) car je ne me rappelle pas si tu me dis quand vous devez quitter Paris.

En ce qui concerne mes vacances et mon service militaire, comme j'ai fait ma déclaration de résidence depuis assez longtemps déjà, j'ai tout lieu de croire que je ne serai pas convoqué, et en tout cas il serait préférable qu'on prévînt la concierge de refuser toute convocation envoyée rue Vauquelin.

Malheureusement il n'est guère probable que mes vacances à moi tomberont au bon moment, c'est-à-dire en même temps que les vôtres, ce qui sera grand dommage, car deux ou trois semaines à Beg-Meil, ou ailleurs, m'auraient semblé paradisiaques après les délices de Gower Place; mais je me résigne d'avance.

Grand merci de tes offres de subsides; mais je ne te dissimulerai pas que mes coffres débordent de monnaies et de joyaux; en fait ma modestie seule m'empêche de fonder des bibliothèques ou des hôpitaux avec le superflu de mes possessions. La question des changements de costumes aux époques de changement de saison a d'ailleurs cessé totalement de m'intéresser. Mon véritable ornement est la noblesse de mon maintien et l'air de dignité qui ne peut manquer de se faire voir sur mes traits; le reste n'est que vanité et je n'y songe qu'avec une hautaine dérision; ce qui ne coûte rien.

Je songe sérieusement à écrire à Marie sous peu; mais ayant trop de respect pour son intelligence naturelle et sa haute culture pour lui envoyer une épître qui ne soit pas absolument géniale, je prends mon temps.

Je prends mon temps parce que je ne me sens pas le moindre génie dans le moment : les rues sont trop sales; et

_____
9. Tournée d'inspection de Félix Hémon.

avril est un mois bête. Je songe avec une stupeur étonnée à tous les imbéciles et autres poètes qui ont fait des odes rimées ou non rimées au mois d'avril. C'est une époque ridicule; les gens hésitent entre le parapluie et le chapeau de paille; les jeunes dames s'en vont par les rues avec des blouses de nuances tendres et leur sourire de printemps, et trouvent dehors un temps qui change leurs blouses en torchons et leur sourire en un rictus d'une idiotie touchante. Des arbres mal informés sortent des petits bourgeons folichons, [qui] s'aperçoivent qu'il y a eu tromperie et restent là sans avancer ni reculer, se demandant que faire; et les marchands de gravures remplissent leurs vitrines de productions pour jeunes mariés, avec des colombes au premier plan, un coucher de soleil au fond, et entre les deux d'indescriptibles volailles dans les attitudes d'usage. Non, quand je referai une année pour moi tout seul, à mon goût, il n'y aura pas d'avril dedans.

Je suis enchanté d'apprendre que Marie continue ses hardies explorations de la banlieue, en compagnie des jeunes cousins ou alliés. Si des détails complémentaires de ma « marche de printemps » peut les intéresser à ce point de vue, qu'ils sachent que ma dernière étape a été faite de nuit; non pas que je fusse pressé mais la journée avait été si belle que je n'avais pas eu le courage de remuer, et j'avais passé tout l'après-midi couché sur la grève; et puis la nuit on n'est pas gêné par les automobiles et les routes sont infiniment plus pittoresques. Il y a le revers de la médaille, par exemple, qui réside dans la curiosité déplacée des membres de la police locale, entre minuit et quatre heures du matin; un autre inconvénient est que, comme je l'ai fait, on est exposé à prendre le mauvais chemin; et après avoir consciencieusement [sic] admiré au clair de lune le château d'Arundel, je me suis embarqué sur un parcours en zigs-zags [sic] qui m'a amené trois heures plus tard, après des explorations à travers champs et après avoir rigoureusement suivi une ligne de chemin de fer qui s'est trouvée n'être pas la bonne, à quinze bons kilomètres de l'endroit où j'aurais dû être, et à trente kilomètres de Brighton, où je ne suis arrivé qu'à midi et demi, c'est-à-dire après un peu plus de quinze heures de route. Ma « forme » étant d'ailleurs excellente dans le moment je n'étais pas fatigué outre mesure.

Voilà bien des histoires, mais si les divagations de ton fils peuvent t'intéresser le moins du monde, je ne regretterai pas ma prolixité !

Ton fils,
L. HÉMON

107. À MADAME FÉLIX HÉMON

Londres
17 Mai 1907.

Ma chère maman,

J'ai bien reçu ta dernière lettre et les cartes postales que tu m'as envoyées de diverses villes du Sud[10]. Je ne peux que vous recommander de montrer la plus grande prudence dans vos rapports avec les tribus évidemment féroces dont vous parcourez le territoire, et j'espère que vous en reviendrez tous intacts.

Je ne me rends pas un compte exact de ce que peut être le climat des contrées où vous allez, mais ici nous jouissons d'un mois de mai qui s'amuse à essayer de ressembler à tous les mois successivement, de juillet à décembre, et y réussit parfaitement.

Je suis très peiné d'avoir à te dire des choses pénibles, mais je crois remarquer dans tes lettres, et aussi dans les rares missives de Poule, une totale absence d'affection. Je ne me rappelle pas que tu m'aies conseillé une seule fois de bien me couvrir; et chacun sait que l'on reconnaît les bonnes mères (et les bonnes sœurs, ô Poule !) à ce qu'elles recommandent à leurs fils de bien se couvrir jusqu'au milieu d'août. Pas une fois Poule ne m'a offert de me faire des pantoufles en tapisserie, ou en toile peinte, et elle savait pourtant bien que c'était là un de mes désirs les plus profonds. Pas une fois aucune de vous deux ne m'a donné de ces sages conseils si utiles aux

---

10. Rappelons que, dans la lettre précédente, Hémon parle du départ de ses parents pour Perpignan. Félix Hémon se trouve donc en tournée d'inspection dans le sud de la France.

petits jeunes gens lancés seuls dans le vaste monde, et qui font tant pour les garder dans le droit chemin; conseils sur les choses à boire et à manger, sur les amusements innocents permis à la jeunesse, et sur les gens qu'il convient de fréquenter. Bref, je me sens cruellement négligé; Poule, avec sa vaste connaissance de la vie en général et dans ses coins, pourrait certainement me faire quelquefois profiter de son expérience. Quelques aphorismes et conseils de temps en temps, sur une carte postale, m'aideraient certainement à lutter contre les tentations dont il paraît que l'on est assailli dans les grandes villes. De mon côté je pourrais vous envoyer chaque soir un résumé de mes actions du jour et une confession des imperfections qui pourraient se trouver de temps en temps au fond de ma petite âme blanche.

La Pentecôte est, si je ne me trompe, la semaine prochaine, et si le temps n'est pas trop mauvais, il se pourrait que j'aille me promener. L'ennuyeux, c'est qu'il faut revenir; je n'aime pas repasser deux fois aux mêmes endroits, et les tarifs de chemin de fer sont outrageusement élevés.

Amusez-vous bien tous les trois, amitiés à Papa et Poule, et bonne chance.

Ton fils,
L. HÉMON

108. À MADAME FÉLIX HÉMON

Londres
22 Juin 07.

Ma chère maman,

J'ai bien reçu tes lettres et carte postale récentes. Je crois inutile de dire que j'ai été désolé d'apprendre la mort de tante Louise[11], regrettable en elle-même et aussi pour le chagrin de mon oncle Arthur et de Grand'mère[12]. Je leur ai écrit à tous deux. Le voyage a dû être pénible pour vous tous; j'espère pourtant que tu seras déjà remise quand cette lettre

---

11. Louise Buzaré, comme on l'a vu précédemment.
12. Mme Nicolas Hémon.

t'arrivera, et aussi que la santé de Papa lui épargnera des ennuis supplémentaires pendant ses voyages.

Les nouvelles du Midi ont été quelque peu sensationnelles ces temps derniers. Heureusement que Papa n'est plus, je crois, dans ces régions, car tous ces demi-nègres surexcités n'ont plus l'air de savoir ce qu'ils font, pas plus qu'ils ne savent ce qu'ils veulent[13]. De ce côté-ci de l'eau, il ne se passe naturellement rien d'aussi excitant; l'été commence à venir, mais sans grande conviction.

Amitiés sincères à Papa et Marie. Si tu me donnes l'adresse de Papa vers la fin de la semaine prochaine, je lui écrirai.

Ton fils qui t'aime[14].

109. À MARIE HÉMON

Londres
9 Juillet 1907.

Bonne Poule,

J'ai bien reçu ta lettre de l'autre jour, de même que celle de maman un peu avant, à laquelle je n'ai pas encore répondu. Merci de me donner communication du testament de la pauvre tante[15]. Je croyais me rappeler qu'elle avait toujours eu l'intention de favoriser spécialement ses nièces, de sorte que le partage égal entre tous sans distinction de sexe m'a étonné ! Peut-être n'a-t-elle pas songé à, ou pas eu le temps de modifier son testament dans ce sens, mais si elle en avait l'intention il serait encore temps de réparer l'erreur. Peut-être pourrais-tu me dire si elle t'en avait jamais parlé, et nous arrangerions ça entre nous sans histoires[16].

---

13. Allusion à de violentes manifestations et revendications des viticulteurs du sud-ouest de la France.
14. Ici l'original a été découpé.
15. Mme Buzaré, tante Louise.
16. Hémon est disposé à sacrifier sa part d'héritage en faveur de sa sœur. La somme devait s'élever à environ 5 000 francs à l'époque.

En ce qui concerne les frais de mutation, je suis en effet décidé à ne pas déranger mes capitaux, pour cause. J'accepte donc avec reconnaissance l'offre d'avance de maman, qui n'aura qu'à se rembourser quand l'argent sera distribué, car il passera naturellement entre vos mains avant de me parvenir. Si à ce sujet il faut des autorisations ou procurations pour faciliter les démarches, prévenez-moi.

Mon expérience en matière d'héritage n'est pas considérable, et ne le sera jamais, mais ça n'a pas l'air d'en valoir la peine. Quand quelqu'un qu'on n'a jamais vu vous laisse six cents [*sic*] mille francs de rente, un yacht, un département ou deux, ou simplement les côtes de Bretagne, comme dans notre famille, ça va bien, mais quand une pauvre tante qui ne vous a jamais fait de mal, au contraire, a l'air de se laisser mourir exprès pour vous léguer le prix de deux tonnes de cuivre, non, ça n'en vaut vraiment [pas] la peine.

Le temps qu'il fait en ce moment serait assez beau pour le début de mars mais comme été ce n'est qu'une plaisanterie. Aussi ne suis-je pas particulièrement pressé de prendre mes vacances trop tôt, dans l'espoir qu'il y aura tout de même un peu de soleil plus tard. Je pourrai probablement aller passer deux ou trois semaines avec vous, si tout s'arrange.

Amitiés à Maman et Papa.

Ton frère,
L. HÉMON

110. À MADAME FÉLIX HÉMON

28/31, St Swithin's Lane, London, E.C.[17]
2 Octobre *1907*.

Ma chère maman,

Je suis, à peine utile de le dire, arrivé à bon port; à Brest les hôtels étaient si encombrés que j'ai couché dans une salle de bains, où d'ailleurs on avait installé un lit et un lit fort confortable, où j'ai très passablement dormi. Le bateau a

---

17. Adresse imprimée de la Compagnie Algérienne de Phosphates.

eu une crise en sortant de la rade et a sorti toutes les acrobaties de son répertoire; pour le reste du voyage il s'est pourtant calmé et s'est contenté de rouler pas mal sur une mer d'ailleurs respectablement houleuse, agrémentée de petites tempêtes de pluie de temps en temps. J'avais des provisions en abondance, sans compter les crêpes, et comme il ne faisait malgré tout pas trop mauvais j'ai passé une excellente journée. Le reste du voyage a été totalement dépourvu d'événements.

J'espère que vous aurez aussi fait bon voyage et que vous êtes tous arrivés en bon état à Paris.

Amitiés à Papa et Poule.

Ton fils,
L. HÉMON

L'adresse demandée est :

L. Hémon
Compagnie Algérienne de Phosphates
28/31, St Swithin's Lane – Londres E.C.
(comme ci-dessus)
Adresse télégraphique : Hémon care Tocquevill Londres

111. À MADAME FÉLIX HÉMON

[Londres] 12 Oct. 07.

Ma chère maman,

J'ai bien reçu ta lettre de l'autre jour, et regrette d'apprendre que ton rhume persiste; le mien est resté dans le domaine de l'imagination, d'où il n'est d'ailleurs jamais sorti.

Le temps est plutôt piteux en ce moment, mais maintenant ça m'est bien égal. L'hiver arrive, et je suis prêt d'avance à tout ce qu'on voudra en fait de pluie, brouillard et boue.

J'ai enfin compris pourquoi Poule n'a pas voulu me faire de cadeau en septembre : elle le réservait évidemment pour aujourd'hui, 27e anniversaire de ma naissance, et je m'attends à trouver ce soir en rentrant chez moi une grande caisse venant d'elle et contenant les divers objets qu'elle a acheté[s] sur ses économies à son petit frère chéri ou qu'elle lui a fait[s] de ses propres mains. Dès la réception de ce ou de ces colis, je passerai commander quelque chose de très beau et de très coûteux pour son anniversaire prochain.

Amitiés à tous et bon[s] souhaits de voyage à Papa.

Ton fils,
L. HÉMON

112. À MADAME FÉLIX HÉMON

Londres
19 Oct. 1907.

Ma chère maman,

Je te remercie avec des larmes d'attendrissement de ton offre de cadeau pour mon anniversaire; mais je n'ai besoin d'absolument rien. Quant à Poule je ne dirai pas que j'ai été étonné. Je me suis contenté de passer décommander immédiatement plusieurs meubles de grand prix que je me proposais de lui envoyer.

Les adjectifs me manquent pour décrire le temps qu'il fait; ne voulant pas être en retard ce pays-ci s'amuse aussi à avoir des inondations; Londres n'en verra rien, mais à défaut d'eau, il y aura assez de boue dans les rues pour faire des photographies pour les journaux illustrés, si le temps actuel continue.

J'espère qu'Alain sert sa patrie avec le dévouement que d'autres membres de la famille ont montré avant lui, et qu'il ne se déshonore pas en faisant luire ses cuirs, souliers, par des frottages ridicules[18].

Amitiés à tout le monde, Papa et même Poule.

Ton fils,
L. HÉMON

---

18. Le cousin Alain, fils de Louis Hémon, fait alors son service militaire.

113. À MADAME FÉLIX HÉMON

Londres
18 Nov. 07.

Ma chère maman,

Rien de nouveau ici. Mauvais temps, il faisait nuit aujourd'hui à midi, et des tas de rois à Windsor, ce qui m'est égal. Je me porte bien et j'espère que vous faites de même, aussi que Papa est revenu indemne de ses voyages dans le Sud inondé[19].

Si Alain[20] fait imprimer sa conférence je lui en demanderai un exemplaire, à titre gracieux bien entendu. Je regrette profondément que ces conférences n'aient pas été à la mode de mon temps; car si j'avais eu une compagnie forcée de m'écouter pendant seulement 20 minutes, avec un sous-officier à la porte pour les empêcher de se sauver, je crois sincèrement que j'aurais pu leur faire du bien.

Amitiés à tous.

Ton fils,
L. HÉMON

114. À MADAME FÉLIX HÉMON

Londres
14 Déc. 1907.

Ma chère maman,

J'ai bien reçu ta lettre de jeudi. Au sujet de l'institutrice[21], j'attends quelques jours avant de rien faire, attendu que je ne sais pas ce que ladite famille a déjà fait dans ce sens. Ils cherchent naturellement quelqu'un à Londres, ce qui serait préférable étant donné qu'ils pourraient s'arranger de vive voix et après entrevue. La semaine prochaine je vous en reparlerai, s'il y a lieu.

---

19. Comme toujours, une tournée d'inspection.
20. On reconnaît ici le cousin Alain, fils aîné de Louis Hémon.
21. Impossible de savoir de qui il s'agit.

Touchant le cadeau que tu m'offres gracieusement, si tu as l'argent disponible, si ça ne dérange pas ton budget, etc... tu pourrais en me l'envoyant de suite [*sic*] augmenter sa valeur pour moi. Mais inutile que [*sic*] dire que ce n'est pas un besoin urgent.

Amitiés à Papa et Poule.

Ton fils,
L. HÉMON

115. À MADAME FÉLIX HÉMON

21 Décembre 1907.
Londres.

Ma chère maman,

Je vous ai envoyé ce matin un paquet contenant le traditionnel pudding, ainsi que quelques puddings miniature[s] que vous pouvez ou consommer vous-mêmes, ou distribuer aux petites cousines. Si Louise refuse de se laisser ranger sous l'épithète « petites » elle n'a qu'à donner le sien à ses cadettes. De même pour Jean, si ces cadeaux de gosse l'humilient[22].

Pour le vôtre, je rappelle que les conditions sont : que le pudding passe environ une heure ou deux dans de l'eau *bouillante tout le temps.* Arrosez d'alcool – rhum ou cognac – pour Poule. Les petits puddings peuvent être traités de la même manière, sauf que quelques minutes suffiront; ou bien mangés froids, comme le vôtre du reste.

Amitiés à Papa et Poule, et *merry Christmas all round.*

Ton fils,
L. HÉMON

Dis à Poule de m'envoyer *ses* cadeaux de bonne heure, pour éviter la presse à la fin de l'année.

L.H.

---

22. Il est ici question des enfants de l'oncle Louis. La cousine Louise était l'aînée de trois filles et Jean était un de leurs frères.

116. À MADAME FÉLIX HÉMON

Londres
31 Décembre 1907.

Ma chère maman,

Si le bateau ne sombre pas entre Douvres et Calais, et que les employés de la Poste dans les deux pays fassent leur devoir, cette lettre devrait arriver à temps pour vous apporter demain matin mes souhaits de nouvel an.

Je ne vous souhaite rien en particulier parce que c'est trop dangereux, mais je fais des vœux énergiques et sincères pour que 1908 se montre bonne fille et ne vous apporte rien de désagréable ni de pénible, ce qui serait déjà quelque chose. Si vous avez envie de quelque chose d'une manière spéciale je vous le souhaite aussi, et si je l'avais je vous le donnerais (c'est une formule quand on n'a rien à donner). J'espère que vous allez tous les trois vous porter à ravir d'un bout du calendrier à l'autre; je compte bien d'ailleurs avoir l'occasion de m'en assurer une ou deux fois au cours de l'année. J'espère aussi qu'il n'arrivera rien à ceux qui vous sont chers, et alors il ne vous restera pas la plus petite excuse pour vous faire de la bile.

Poule aura des meubles[23], Papa aura des petits voyages pas trop longs dans des pays qui lui plairont, et tu recevras tous les samedis des tas de gens très gentils qui te raconteront des histoires[24].

Vous aurez en outre tous la satisfaction de savoir que le fils et frère est là dans le faubourg à côté, gras et rose, qu'il ne lui arrive que des choses plaisantes et que s'il lui en arrivait d'autres il n'y ferait pas attention. Vous saurez aussi, sans qu'il vous le dise, que malgré qu'il n'aime pas à écrire il ne vous oublie pas, qu'il vous aime bien, et que quand il vous souhaite toutes sortes de choses heureuses, c'est pour de vrai.

---

23. Marie Hémon achetait alors des meubles anciens pour sa chambre.
24. Mme Félix Hémon avait son jour de réception tous les samedis.

J'ai bien reçu les crêpes à dentelle[25], qui m'ont fait le plus vif plaisir. J'ai aussi reçu le rasoir des Langeron[26], et écrirai certainement quelque jour ou un peu plus tard.

J'ai aussi reçu les cartes postales des trois cousines[27], qui sont bien gentilles de ne pas m'avoir oublié.

Bonne année à tous, et séparément à toi, Papa et Marie.

Ton fils qui t'aime,
L. HÉMON

---

25. Biscuits très légers, spécialité de Quimper.
26. Amis de la famille qui habitaient rue Vauquelin, près de chez les Hémon.
27. On reconnaît les « petites cousines », filles de l'oncle Louis.

1908

117. À MADAME FÉLIX HÉMON

Londres
30 Janvier 08.

Ma chère maman,
    Quelques lignes, ne serait-ce que pour ne pas vous laisser calomnier ma santé qui est, comme de coutume, florissante. Il ne se passe rien qui vaille la peine d'être reporté [*sic*]; je n'ai même pas de rhume à mentionner, de sorte que je ne sais vraiment pas quoi écrire.
    J'espère que vous serez rétablis bientôt de vos rhumes divers et que vous n'en attraperez pas d'autre[s]. [L'ami Édouard a inauguré la réouverture du Parlement hier. Delcassé m'ennuie, Jaurès aussi[1]. Il n'y a que les « Suffragettes » qui mettent une note de gaîté dans un monde autrement terne. Aussi je voudrais être femme, pour faire de la lutte gréco-romaine avec les gros policemen, agiter des petites bannières, et embêter les ministres. Quand on a le vote on s'en moque pas mal. Je n'en parle d'ailleurs que par intuition, n'ayant jamais été électeur.][2]
    Amitiés à Papa et Poule.

Ton fils,
L. HÉMON

---

1. « L'ami Edouard » est évidemment le roi Edouard VII, Delcassé est un ministre des Affaires étrangères à qui l'on devait l'établissement de l'Entente cordiale, Jaurès n'a pas besoin de présentation.
2. Le passage entre crochets a déjà été cité dans la revue montréalaise *Liaison XV*, vol. 2, mai 1948, p. 263.

118. À MADAME FÉLIX HÉMON

Londres
25 Févr. 1908.

Ma chère maman,

[J'ai bien reçu ta carte, et m'empresse de te faire savoir que la fâcheuse grippe ne m'a pas atteint. L'épidémie d'ailleurs semble faire surtout rage dans les colonnes des quotidiens à court de copie [*sic*]. N'en croyez donc pas *le Matin* organe de tous les canards et de tous les chantages. Lisez plutôt des journaux sérieux comme *Le Temps,* quotidien, politique, *littéraire ?* qui ne publie que des nouvelles sûres et les meilleurs auteurs. (Réclame gratuite.)][3]

L'approche du printemps ne se manifeste que par un retour du froid, et par l'exposition aux vitrines de chemises de couleur. J'ai aussi vu un bon jeune homme en chapeau de paille, stoïque sous la pluie battante, mais ce devait être l'effet d'un vœu, comme le remède pour les maladies de peau, à moins que ce ne fût un ex-élève de Harrow[4] qui n'avait pu perdre l'habitude. J'ai la conviction intime que Poule est en train de faire en secret quelque chose pour moi; dis-lui qu'elle se dépêche.

Amitiés à Poule, et bonne chance à Papa dans ses prochains voyages.

Ton fils,
L. HÉMON

---

3. Ce passage a déjà été publié dans *Liaison XV,* vol. 2, mai 1948, p. 264. Nous transcrivons, tel quel, le commentaire de Marie Hémon : « Le journal *Le Temps* venait d'accepter de publier *Lizzie Blakeston* et la famille Hémon l'ignorait. Il attire donc son attention sur ce quotidien *littéraire* en soulignant le mot. *Le Matin* pour lequel il marque du dédain a disparu depuis la dernière guerre après avoir collaboré avec l'ennemi. Le journal *Ce Matin,* qui paraît actuellement, n'a pas les mêmes tendances. » Nous ajoutons ceci : en 1908, *le Matin* était vraiment « l'organe de tous les canards et de tous les chantages ».

4. Célèbre école anglaise où les élèves portaient des canotiers.

119. À MADAME FÉLIX HÉMON

Londres
6 Mars 08.

Ma chère maman,

[Je suis heureux de voir que vous continuez à recevoir régulièrement et lire un journal aussi intéressant que *le Temps*. Si cela te fait plaisir de voir le nom familial au bas de la page, je regrette de ne pouvoir prolonger ce plaisir, mais les facéties les plus courtes sont les meilleures, et le feuilleton de samedi (demain) mettra fin à l'historiette, dont le principal avantage sera de me payer ma garde-robe d'été.

Je regrette aussi de ne pouvoir donner des détails intéressants sur mes relations avec le canard sus-nommé, mais l'éditeur de la *Vie des Grands Hommes* m'a fait jurer de garder cela pour lui. Je peux néammoins [*sic*] avouer en cachette que j'ai suivi la procédure courante, qui consiste, pour le génial auteur à envoyer sa marchandise et pour le sympathique éditeur à l'accepter et, par la suite, à l'imprimer.][5]

Bonne chance à Papa dans ses voyages; bonne chance à Poule et toi également, puisque vous avez l'intention d'aller vous la couler douce dans le Sud.

Ma bénédiction au jeune couple machin de St-Brieuc[6].

Amitiés à tous.

L. HÉMON

---

5. Le passage entre crochets a déjà été cité dans *Liaison XV*, vol. 2, mai 1948, p. 264. Le passage sur l'éditeur de la *Vie des Grands Hommes* est une pure plaisanterie. Rappelons que c'est *Lizzie Blakeston* qui paraissait alors en feuilleton dans *le Temps*.
6. La cousine Marguerite Charuel qui vient d'épouser le docteur Gustave Tessier.

120. À MADAME FÉLIX HÉMON

Londres
13/5/08.

Ma chère maman,

Je reçois ta carte, et réponds de suite [*sic*] pour que ceci t'arrive à Nice[7]. Tes orangers et tes mers bleues ne m'inspirent aucune jalousie. De la fenêtre qui est à ma droite je peux contempler un spectacle tout aussi impression[n]ant en son genre. C'est le mur de « Mansion House »[8] et je peux vivre dans l'espoir de voir un jour le Lord Maire mettre la tête à la fenêtre. Ce mur splendide est noir à la base, gris au milieu et presque blanc en haut, à cause de la pluie. Sur le toit il y a une balustradre [*sic*] de grand style, *et entre les colonnes de la balustrade* JE VOIS LE CIEL EMBRASÉ ! Quand je dis embrasé c'est pour l'effet, car ce n'est qu'un embrasement modéré et respectable, un petit embrasement pas fou, mais déjà très gentil : car il y a du soleil. Je ne le vois pas, mais quand je regarde l'Almanac [*sic*] je l'apprends tout de suite. Il est peut-être un peu faiblard, il est de l'autre côté des bâtiments et il y a des nuages devant, mais il fait de son mieux, après tout, et il ne faut pas lui en vouloir.

Tes orangers qui portent des oranges me laissent sceptiques [*sic*]. Essaie voir t'en [*sic*] toucher une, et elle te restera dans la main; elle doit être en caoutchouc ou en savon; ce n'est probablement là que du décor pour les septentrionaux en voyage comme vous.

Le jeune homme en question[9] vient de m'écrire; je lui réponds bien poliment, mais j'espère qu'il n'insistera pas.

Amitiés à Papa et Poule, et tâchez de profiter de votre voyage à tous les points de vue.

Ton fils,
L. HÉMON

---

7. Sans doute une nouvelle tournée d'inspection de Félix Hémon.
8. Résidence du Lord Maire à Londres.
9. Impossible de trouver de qui il s'agit.

121. À MADAME FÉLIX HÉMON

Londres
27 Mai 1908.

Ma chère maman,

Je n'ai pu écrire à temps pour que ma lettre arrive à Ajaccio[10] pour vous y trouver; et je comptais attendre que vous me fassiez connaître votre prochaine étape, mais réflexion faite ce serait un peu tard pour accuser réception des fruits confits, qui sont arrivés en parfait état, et ont terminé leur courte existence en quelques jours. Si j'étais vous, je repasserais par là en revenant; c'est ainsi qu'on apprend la géographie aux petits enfants un peu en retard. Sud : fruits confits. Les autorités appellent ça, je crois : Instruire en Amusant.

[Fallières (Armand)[11] est dans nos murs, et il a eu aujourd'hui, pour sa visite à la Cité, son premier jour de soleil. Décorations, drapeau, enthousiasme etc ... Il est vrai que c'était la même chose pour le Kaiser. [Qu'est[-ce] qu'une foule n'acclamerait pas, pourvu qu'on pende des pavois en travers des rues ?][12].

L'été commence à se montrer, avec des rechutes de temps en temps. La santé va tant que ça peut. Espérons que votre voyage ne vous fatiguera pas, et que vous en aurez pour votre argent de couleur locale.

Amitiés à Papa et Poule (si toutefois le Gouvernement ne l'a pas retenue en Corse pour faire peur aux bandits).

Ton fils,
L. HÉMON

---

10. Tournée d'inspection, en compagnie des Poincaré.
11. Armand Fallières, alors en visite officielle à la cour d'Angleterre, était président de la République et ami de la famille Hémon. Alors qu'il était ministre de l'Instruction publique et des Beaux-Arts, Fallières avait nommé Félix Hémon son chef de cabinet.
12. Passage cité dans *Liaison XV*, vol. 2, mai 1948, p. 265.

122. [À MADAME FÉLIX HÉMON]

Flat 1   **Londres**
35 Gosfield St.   15 Juin 1908.
Londres - W -

   N'ayant rien reçu depuis la carte de Bastia, je commence
à me demander si vous n'avez pas été victimes d'une plaisanterie corse. Êtes-vous de retour à Paris ou continuez-vous à
traîner dans les Suds ?

                                                  Amitiés.
                                                  L. HÉMON

123. À MADAME FÉLIX HÉMON

                                       [Londres] 25 Juin 1908.

Ma chère maman,
   Dans ma dernière lettre, qui s'est croisée avec la tienne
du 14, je te disais que je n'avais rien reçu depuis la carte de
Bastia. Est-ce que [*sic*] une lettre ou carte de vous se serait
égarée, car je ne me rappelle pas avoir rien lu au sujet de la
petite Jeanne. J'espère que les prochaines nouvelles seront
meilleures que les dernières, qui m'ont tout à fait surpris. Je
vais lui envoyer des cartes, si elle est toujours au 15 rue
Monsieur. Prière de me le dire[13].
   Rien de nouveau ici; sinon que tout ce mois de juin le
temps a été radieux; du beau soleil et les fraises à 6 sous la
livre; voilà de quoi satisfaire les âmes simples; dont je suis.
   J'espère que Papa se porte encore bien et ne se fatigue
pas trop dans ses longs voyages.
   Amitiés à Poule.

                                                  Ton fils,
                                                  L. HÉMON

───────────────
13. La « petite Jeanne » est la seconde fille de Louis Hémon. Elle était
   gravement malade et en clinique à 15, rue Monsieur, à Paris.

En m'écrivant, n'oublier [*sic*] jamais le « Flat 1 » car les con-
cierges étant inconnus ici, il pourrait s'ensuivre des pertes ou des
retards.[14]

---

14. Nous n'avons aucune autre lettre de Hémon pour l'été de 1908.
    Il semble toutefois qu'il soit demeuré en Angleterre, comme l'atteste
    la carte suivante adressée à sa sœur Marie :

                                        Londres 17 août 1908.
    Si tu rencontres l'original du petit séducteur qui se trouve au verso,
    prends bien garde ! Poule ! Reste calme et digne, et attends mon arrivée
    pour déverser sur une tête qui le mérite les trésors de ton affection.
        A bientôt.
                                        L. Hémon

1909

124. À MADAME NICOLAS HÉMON

Londres
21 Janv. 09.

Chère Grand'Mère,

J'ai bien reçu le cadeau de nouvel an que tu as chargé Marie de me remettre, et je m'empresse de te le dire afin de t'éviter des soupçons assez naturels sur le compte de cette bonne Marie[1]. J'ai donc à te remercier, en même temps qu'à t'adresser avec ma célérité coutumière mes vœux de nouvel an. Après tout je ne suis guère en retard que de trois semaines, et des souhaits sincères pour 11 mois et 1 semaine valent mieux que rien.

Inutile de dire que je suis tenu au courant de tout ce qui se passe en Bretagne d'abord par les lettres de Maman et de Marie, et aussi par la correspondance que j'échange, assez irrégulièrement d'ailleurs avec *Lanveur*[2].

J'espère fermement que je vous trouverai tous en bonne santé l'été prochain, quand je retournerai te voler quelques poires. D'ici là je compte que tu prendras assez soin de toi-même pour ne pas te ressentir de l'hiver.

Amitiés à tante Marie et à ma cousine (à qui le bel example [*sic*] de Louise devrait faire honte)[3].

Ton petit-fils,
L. HÉMON

---

1. Marie, la sœur de Louis, bien entendu. Mais il faut préciser puisque cette lettre fera allusion à trois Marie différentes.
2. Nom de la « petite maison », voisine de Bréhoulou.
3. « Tante Marie » est Mme Doudet, fille de Mme Nicolas Hémon, « ma cousine » est Marie Doudet, fille de « tante Marie ». Une fois de plus, on reconnaît la cousine Louise, fille de l'oncle Louis.

125. À MARIE HÉMON

Londres
27 Janv. 1909.

Bonne Poule,

J'ai une notion confuse que tu m'as écrit récemment, et que je ne t'ai pas encore répondu. Je crois me souvenir que, pour devancer mes justes reproches, tu m'avouais des équipées éhontées en compagnie de jeunes sauteurs ministériels[4]; si tu as perdu à ce point tout sentiment de décence, je ne suppose pas que les reproches indignés d'un frère puissent te ramener dans le droit chemin; je te les épargnerai donc.

Tu me disais aussi, je crois, que le spécimen Eugène[5] est parti pour Quimper. Pauvre ville que les fabulistes ont ridiculisée[6] et qui compte maintenant parmi ses citoyens ce volatile ! J'espère qu'il aura le bon goût d'aller passer ses vacances ailleurs au moment où j'aurai les miennes. Sinon un gros scandale serait à craindre. Maman me disait récemment qu'elle allait mieux; j'espère qu'elle est tout à fait bien maintenant, et que Papa fait de même.

Quant à toi je n'ai aucune espèce d'inquiétude. Depuis l'époque où l'on me disait d'un ton grave qu'il me fallait être très doux avec ma sœur parce qu'elle n'était pas bien forte, j'ai compris que tu étais de ces personnes à qui il n'arrive jamais rien; et j'ai renoncé une fois pour toutes à m'en préoccuper.

Amitiés à tout le monde.

L. HÉMON

---

4. Il s'agit probablement d'Emile Charuel, d'Alain Hémon et de Roger Langeron en compagnie de qui Marie Hémon allait en promenade dans les bois aux environs de Paris. Ces jeunes gens étaient plus jeunes que Marie Hémon.

5. On reconnaît le pauvre cousin Eugène Onfroy qui servait de tête de Turc à Hémon. Ici, raillerie de sa nomination comme chef de cabinet du préfet.

6. Allusion à la fable de La Fontaine, « Le chartier embourbé » (*Œuvres complètes*, Paris, Gallimard, « Bibliothèque de la Pléiade », 1954, t. I, p. 145sq.).

126. À MADAME FÉLIX HÉMON

[BallyMaclinton, 5 juin 1909.]

Poule vient de m'emmener de force sur des montagnes russes, et au moment actuel essaie de m'entraîner sur d'autres; aussi voir des ours et des lions en liberté[7]. Elle a mangé du riz à la « protéide » qui paraît lui avoir monté à la tête.

Ton fli [sic],

L. HÉMON

127. À LYDIA O'KELLY[8]

3 Mornington Crescent
N.W.
[Londres] 25th Aug. [1909].

Dear Lydia,
Enclosed please find V.O. [sic] for 10 /–. I trust you received the 5 /– on Wednesday.
The baby is entered under my name on the Church Register, as arranged.
Write me if you have anything to say.

Y[ou]rs faithfully,

L. HÉMON

---

7. Marie Hémon est alors en voyage en Angleterre.
8. Lydia O'Kelly, jeune Irlandaise dont Hémon avait eu une fille, Lydia Kathleen, née à Londres, le 12 avril 1909. Nous n'avons pu retrouver aucune autre lettre qui lui soit adressée. Voici la traduction du texte :
Chère Lydia,
Tu trouveras ci-inclus un mandat au montant de 10 livres [sterling]. Je prends pour acquis que tu as reçu les 5 livres [sterling] mercredi.
Le bébé est enregistré sous mon nom à l'église, tel que décidé. Ecris-moi si tu as quelque chose à dire.

Mes meilleures salutations.
L. Hémon

128. À MADAME FÉLIX HÉMON

[Londres] 16 Oct. 1909.

Ma chère maman,

J'ai bien reçu ta lettre, et le mandat. Par extraordinaire je me suis cette année rappelé à temps que le 12 oct[obre] était une date glorieuse de notre belle histoire[9], de sorte que ta lettre ne m'a pas surpris. Quant aux valeurs qu'elle contenait, tu es bien gentille; mais il ne faudrait tout de même pas mettre l'argenterie au Mont-de-Piété pour m'envoyer des sommes à tous les prétextes d'anniversaire, de fête, etc ... Je te pardonne cette fois, et même je te remercie, mais n'en abuse pas.

Quant à mon grand âge, je dois dire que je n'en suis pas, moi, grandement impressionné. On n'a, comme dit l'autre, que l'âge qu'on se sent, et je me sens ... l'âge du tapioca et des coups de cuiller dans l'assiette ! Certainement pas encore l'âge où on va à l'école.

Londres est moche et sale, et je commence à en avoir sérieusement soupé. La Polynésie me tente, pour l'hiver; aussi la Bolivie. Ce sont d'ailleurs des tentations platoniques, pour plusieurs raisons.

Amitiés à Papa et Poule.

Ton fils,
L. HÉMON

129. À MARIE HÉMON

[Londres] 22 Oct. 09.

Bonne Poule,

C'est bien fait pour moi ! Voilà ce que c'est que d'accepter avec trop d'indulgence les largesses d'une parenté qui ne sait apparemment que faire de ses ors. Ladite parenté se représente immédiatement, le pauvre enfant, grelottant et affamé, au coin d'une rue, attendant l'arrivée du mandat sauveur pour

---

9. Hémon célèbre son anniversaire de naissance.

aller prendre son premier repas depuis le début du mois; et une bonne sœur au cœur tendre émet la crainte que « je ne me prive de quelque chose ». J'ai bien ri !

Secoue ton imagination, Poule, et aperçois ton frère tel que Londres l'aperçoit tous les jours[10].

Tableau I — Il vient de dîner : Huîtres, Soupe à la Tortue, Whitebait[11], bœuf genre « Bouquet du Lord Mayor », Grouse[12], Glace, Desserts, Liqueurs (après des vins nombreux et rares). Il descend Piccadilly tout doucement, un gros cigare entre les lèvres, certain qu'il a bien dîné, car il peut à peine marcher. Les cochers sollicitent humblement sa clientèle, mais il n'en a cure, et des dames fourrurées et diamantées (j'ai peur qu'elles ne soient pas très comme il faut, Poule !) n'arrivent pas à attirer son attention, et s'en désespèrent. Il ne peut songer à rien d'autre qu'à son dîner (et pour cause) et à son gros cigare, qui est une pièce de connaisseur... Il se demande vaguement s'il va acheter Hyde Park pour s'en faire un jardinet...

Tableau II — Covent Garden — Un ténor italien qui aurait l'air romantique s'il n'était pas si ventru roucoule tant qu'il peut. Dans les loges, dans les stalles, des gens en habit et des dames décolletées jusqu'aux genoux, carapacées de diamants gros comme des œufs. Dans une avant-scène bien en vue, un Monsieur très bien, mais sans morgue, s'étale; au second rang, derrière lui, deux marquises, une archiduchesse et un lord se partagent les chaises dont il n'a pas besoin pour allonger ses jambes. Ses boutons de chemise flambent aux lumières; sur le devant de la loge il étale une main entièrement gantée de bagues d'un prix fabuleux. Tous les acteurs et actrices se tournent vers lui aux passages importants; il les regarde avec dégoût et bâille. Dans la salle on se dit : « Qui est-ce ? » « Comment ! Vous ne savez pas ! Mais c'est Monsieur Julot ! » « Pas possible ! ».

---

10. La famille Hémon ignore alors tout de la vie réelle de Louis à Londres, entre autres sa liaison avec Lydia O'Kelly et la naissance de sa fille, Lydia Kathleen. Beaucoup plus tard dans une lettre de Montréal adressée à son père et datée du 19 mai 1913, Hémon révélera les moments pénibles de cette époque, « la venue lamentable d'un enfant dont personne n'a voulu, l'accouchement, les mois de nourrice sous menace de folie ».

11. Friture de petits poissons.

12. Oiseau sauvage souvent chassé en Ecosse et en Angleterre.

Quant à retourner à Paris, comme tu le suggères subtilement, Poule, c'est macache ! Paris serait bien content; évidemment; mais ça ne suffit pas à me décider. Ce qui me dégoûte à Londres, c'est qu'il ne se passe rien. Malgré mes penchants naturels, je ne peux arriver à mener la vie curieuse et accidentée qui me plairait. Avoir toujours au moins un domicile, manger régulièrement tous les jours, ou à peu près, changer de linge de temps en temps, cette vie étouffe mon génie, Poule ! qui d'ailleurs a jamais entendu parler d'un génie authentique portant du linge propre ?

Ce n'est pas de ma faute. Toutes les fois que, à force d'énergie et de persévérance, je suis arrivé à mettre mes finances dans un état de désordre apparemment désespéré, quelqu'un sort d'un coin inattendu et insiste pour me couvrir d'or, sous des prétextes étranges Poule ! Je suis à bout; je songe à faire un paquet des billets de banque, des titres divers, et des monnaies qui encombrent mes caves, et à les jeter à l'eau, pour goûter enfin une vie plus intéressante. Tu me diras que je pourrais employer ces fonds à te faire des cadeaux. Non ! Mes goûts peuvent être excentriques, mais pas à ce point-là.

Après cette longue effusion d'un cœur tourmenté, je me propose de ne plus écrire d'ici quelques mois.

Amitiés à Papa et Maman. J'espère que les névralgies vont mieux !

Ton frère,
L. HÉMON

130. À MADAME FÉLIX HÉMON

[Londres] 24th. Nov. 09.

Ma chère maman,

J'ai bien reçu ta lettre et celle de Poule. Si j'étais Papa, je resterais dans le Midi par ce temps-ci, et si j'étais toi et Poule, je ferais la même chose. Depuis quelques jours il fait froid pour de vrai, ce qui vaut d'ailleurs mieux que de la pluie, etc . . .

Je suis profondément dégoûté d'apprendre qu'Hervé[13] a brillé en mathématiques. Dites-le-lui. Si Anne[14] elle-même lui donne le mauvais exemple, à quoi faut-il s'attendre ? Quant à Guiguite[15], je m'en désintéresse complètement, surtout après les nouvelles que tu me donnes.

Je suis bien content que vous alliez avec Poule voir des drames historiques à l'Odéon. Emmène donc Poule voir aussi *Le Cid, Cinna* et quelques pièces gaies. Ça lui ouvrira les idées.

Le mariage d'Émilienne[16], décrit par toi, m'a donné des visions qui tenaient le milieu entre « Le couronnement de Napoléon » et « Victimes du devoir ». Ça a dû être bien beau !

Je ne m'attends pas à être très en fonds d'ici quelques semaines. Si tu as de temps en temps des petites sommes à placer, je ne les refuserai pas.

Mais si ça te gênait le moins du monde, je m'arrangerais parfaitement pour m'en passer.

Amitiés à Papa et Poule.

Ton fils,
L. HÉMON

131. À MADAME FÉLIX HÉMON

[Londres] 30 Nov. 09.

Ma chère maman,

J'ai bien reçu ta lettre et ton mandat, dont je te remercie.

Je regrette de ne pouvoir partager tes inquiétudes attendrissantes sur mon malheureux sort. Ma condition physique, mentale et morale (si tant est que j'aie un moral) est O.K.,

---

13. Dr Hervé Hémon (qui habite aujourd'hui Reims), fils de Prosper Hémon.
14. La sœur d'Hervé. Anne et Hervé sont l'un et l'autre demi-frère et demi-sœur d'Emile Charuel et de Mme Tessier (Marguerite Charuel).
15. Marguerite Hémon, la plus jeune fille de Louis Hémon, l'oncle député.
16. Emilienne Langeron, sœur de Roger, victime choisie des railleries d'Hémon qui la trouvait laide et bête mais qui l'aimait bien tout de même. On la considérait, au fond, comme une excellente amie de la famille.

et tu te fais bien de la bile pour rien. Tu me diras qu'il faut que je sois un piteux spécimen, pour avoir encore recours aux largesses familiales à mon âge. Mais j'y ai recours parce que j'ai en ce moment des frais exceptionnels, de bureau et autres, et que les ressources correspondantes ne se présenteront que d'ici quelque temps. J'admets que mes finances n'ont pas été administrées avec une sagesse infaillible; mais je ne suis pas le Pape; et je reconnais humblement que j'ai des aptitudes spéciales aux petites dépenses de rien du tout qui empêchent de faire des économies.

Si les ressources mentionnées plus haut ne se présentaient pas, je ré[é]quilibrerais mon budget sans effort simplement en réduisant mes dépenses. Et puis, ma petite maman, il ne faut jamais te faire de bile pour moi, tant que je [ne] m'en fais pas moi-même, et c'est rare !

Et maintenant quelques pensées originales, dans le genre du Monsieur de *l'Illustration*[17].

À quoi bon faire des économies, quand on peut toujours aller dans la chambre de Poule et choisir des bibelots de valeur, que le Mont-de-Piété acceptera avec *reconnaissance !*

La pensée ci-dessus m'a un peu fatigué, et je préfère m'arrêter là.

Amitiés à Papa et Poule.

Ton fils,
L. HÉMON

P.-S.   Non ! Il ne sera jamais sérieux !

132. À MADAME FÉLIX HÉMON

[Londres] 31/12/09.

Ma chère maman,

C'est le jour où les petits enfants sages copient pour leur papa et leur maman des compliments en vers de Monsieur de Laprade[18] dans des cahiers à couverture bleu ciel ou rose.

---

17. Revue française illustrée de l'époque.
18. Victor Richard de Laprade, poète français (1812-1883) de qui Hémon se moque ici.

Quand j'étais à la pension des demoiselles X... je me souviens d'en avoir copié un superbe, avec de nombreux pâtés; mais il ne restait qu'un cahier à couverture rose, dont j'ai dû me contenter, le dernier cahier bleu ayant été accaparé sous mon nez par un petit misérable dont j'ai oublié le nom depuis longtemps, mais que je n'ai cessé de haïr[19].

Je déborde positivement, ou presque, d'affection et de reconnaissance, ayant passé une partie de la matinée à faire des ravages terribles dans le contenu de la grande boîte de fer-blanc, arrivée en bon état ce matin. C'est tout juste si le rasoir des Langeron n'y a pas passé. Mais je dois commencer à vieillir, et je n'ai plus la vaillance d'autrefois, car il en reste encore un peu... J'en ai pourtant absorbé suffisamment pour me sentir tout attendri : « Bonne et heureuse année » à tout le monde, y compris moi. Je ne suis pas sûr d'avoir accusé réception de ta dernière lettre et du mandat, dont merci. Également bien reçu la lettre de Poule. J'écris à Grand'mère aujourd'hui. Que le 1er janvier 1911 [sic] nous retrouve tous d'attaque, et prospères ! De plus, souhaits particuliers à toi, Papa et Poule, qui continue à se montrer bonne sœur (voir caramels). Si vous vous portez tous aussi bien que moi, personne n'aura à se faire de bile. En attendant de vous revoir (mais je ne crois pas avoir à aller à Paris prochainement) je vous embrasse tous.

Ton fils,
L. HÉMON

---

19. Ce camarade s'appelait Joseph Darcy. C'est la deuxième fois que Hémon revient sur ce souvenir : « Elle [l'institutrice] m'avait donné pour le compliment du jour de l'An un cahier rose; j'en voulais un bleu; c'est Joseph Darcy qui a eu le bleu. C'est bien fait qu'il soit marié. » (Lettre de Londres, datée du 13 mai 1904.)

1910

133. À MADAME FÉLIX HÉMON

16 Henrietta St. W.C.
[Londres] 10 Mars 1910.

Ma chère maman,
Bien reçu lettre et mandat, dont merci! Bonnes vacances
à Poule. La nouvelle qu'elle s'est remise à la cuisine me fait
revivre les dîners pénibles qu'elle cuisinait avec l'aide de ses
amies, et qu'il fallait manger, sous l'œil féroce desdites amies[1],
avec un sourire indicateur de volupté, alors que ... mais n'insistons pas. Heureusement qu'une plus jeune génération est
là pour servir de victimes aux expériences. Je leur souhaite
une destinée plus longue que les cobayes de Pasteur.
Quant à l'incapacité des Russes d'Émile[2] de lui faire
bouillir « son eau à boire » cela montre leur grand bon sens
en le poussant à boire des choses moins insipides.
Le temps ici est beau par moments, un avant-goût de
printemps, lequel printemps se réduira d'ailleurs peut-être à
cet avant-goût.
Amitiés à tous.

Ton fils,
L. HÉMON[3]

---

1. Jeanne Henry Gréard (aujourd'hui Mme Jean Sicard) et Madeleine
Vélain (Mme Louis Ombredanne).
2. Allusion à la Russe qui était alors dans la vie d'Emile Charuel.
3. Cette lettre est l'unique pour l'année 1910. Nous possédons toutefois
quelques laconiques cartes postales adressées les unes à sa sœur
(janvier et mars), les autres, à sa mère. Nous en donnons ici le
texte :

[Londres, 27 janvier 1910.]

J'espère que les inondations n'ont pas encore atteint les hauteurs de la rue Vauquelin. L'eau froide a du bon, mais pas trop n'en faut.

Amitiés à tous.

[Londres, 31 mars 1910.]

Si tu n'es pas allée au bord de la mer, rafraîchis-toi à la scène du désert (qui t'est si cher) au verso de cette carte.

Et puisque tu t'occupes encore de cuisine, pourquoi pas de l' « Explorateur Nature », comme plat nouveau pour Alain ?

[Londres, 18 avril 1910.]

Reçu lettre dont merci.

[Londres, 27 septembre 1910.]

Bien reçu ta carte. Il fait un temps splendide ici. J'espère que c'est la même chose là-bas, et que cela durera jusqu'à la fin.

Amitiés à P[apa] et P[oule] et à tous.

[Londres, 29 septembre 1910.]

Bien reçu ta lettre, dont merci. Content que vous ayez beau temps. Ici, c'est déjà fini.

Amitiés à tous, et spécialement à Grand'Mère.

Ton fil[s],

1911

134. À MADAME FÉLIX HÉMON

3 Mornington Crescent
[Londres] 20 Avril [1911].

Ma chère petite maman,
        Merci de lettre et mandat.
        [Je voudrais bien avoir de bonnes nouvelles à te donner,
qui puissent te réjouir un peu au moment des tristes anniversaires[1]; mais je n'ai pas de nouvelles du tout. Cela vaut
toujours mieux que des mauvaises.
        Mais il y aura de bonnes nouvelles un jour ou l'autre;
pas d'ici longtemps peut-être; mais un jour ou l'autre, des
nouvelles qui te feront plaisir. Elles viendront par séries,
comme les mauvaises, et il faut les attendre patiemment sans
jamais perdre l'espoir. Si je n'étais pas patient aussi, ma petite
maman, j'aurais quelquefois de mauvais moments; mais je le
suis.
        Quand le monde est couleur de nuages et de boue, j'allume
ma fidèle pipe et je me raconte à moi-même des histoires;
l'histoire détaillée de toutes les choses heureuses qui ne pourront
manquer d'arriver un jour ou l'autre; et comme cela ne me
coûte rien, je te prie de croire que je corse la dose et que je
m'accorde à moi-même, et à vous aussi, assez de félicités pour
effacer tous les mauvais jours.

---

1. Certainement l'anniversaire de la mort de Félix, frère aîné de Hémon,
   mort à Brest le 20 avril 1902, à l'âge de 27 ans. Peut-être aussi
   l'anniversaire de la mort de M. Le Breton, père de Mme Hémon.

Et si elles ne venaient pas, ce serait déjà quelque chose de les avoir attendues avec confiance jusqu'à la fin. Mais elles viendront.][2]

Baisers à Papa et Poule, bien sincèrement, et à toi.

Ton fils qui t'aime,

L. HÉMON

135. À MADAME FÉLIX HÉMON

Mercredi [21* juin 1911]
3 Mornington Crescent
Londres N.W.

Ma chère maman,

Bien reçu ta carte, dont merci. Mes voyages sont finis pour le moment. Comme je te le disais, j'ai eu un temps splendide à la Pentecôte à Margate[3]. Depuis mon retour le temps

---

2. Le texte entre crochets a été cité dans *Liaison XV*, vol. 2, mai 1948, p. 265. Le ton de cette lettre rappelle celui d'une carte non datée qui se lit comme suit :

[Londres*]

Ma chère petite maman,
    Bien reçu lettre et mandat dont merci.
    Désolé d'apprendre que tu ne vois pas tout en rose par ce délicieux printemps (il a grêlé et neigé toute la journée hier). Il y en a d'autres pour qui tout va de travers, en crabe. Le mieux est de faire semblant de n'y pas faire attention, ce qui embête tellement cette vieille Providence qu'elle cesse de vous barbouiller votre univers en gris.
    Contemple plutôt l'indignation vertueuse de la dame qui trouve sa cuisinière sur les genoux d'un policeman. J'espère que Poule, bien que faisant de la cuisine, ne s'oublie pas à ce point là avec nos agents.
    Amitiés à tous.

Ton fils,
L. Hémon

3. Quelques cartes postales adressées à sa mère nous permettent d'affirmer que Hémon fit deux séjours à Margate :

[Londres, 19 mai 1911.]
Merci de lettre. Suis invité à passer deux jours à Margate, d'où v[ous] enverrai cartes demain. Amitiés à tous.

[Margate, 22 mai 1911.]
Je repars ce matin pour les brouillards après deux jours de temps très gris ici; mais c'est bon tout de même.

[Londres, 7 juin 1911.]
Comme une carte de Canterbury vous l'a appris, j'ai encore été passer trois jours (cette fois) à Margate chez mon ami Marsillac. Temps

a changé et paraît maintenant presque froid; ce m'est d'ailleurs bien égal.

Le Couronnement approche[4]. Londres s'est revêtu partout d'une multitude d'estrades d'où un public facilement enthousiasmé se prépare à acclamer George et sa dame. Leur petit jeune homme[5] vient de recevoir solennellement l'autre jour l'ordre de la Jarretière (il n'y a déjà pas si longtemps qu'il sait mettre ses chaussettes tout seul, de sorte que la Jarretière lui fera plaisir). Toutes les églises situées sur le passage de la procession royale ont disparu derrière des gradins; il y a de quoi loger toute la population de Londres, sans compter les Américains, et ce à des prix doux, puisqu'il n'en coûte guère que 125 francs d'avoir une bonne place pour voir le cortège. Un rien !

Comme tout sera d'ailleurs fermé pendant deux jours, je connais quelqu'un qui s'en ira à la campagne, en fait de couronnement.

Je t'assure que c'est avec un intérêt passionné que je suis les promenades de nos hommes de capitale à capitale; elles me touchent doublement, comme Français, et comme arpenteur de routes; car le tourisme compris comme cela, c'est réellement impressionnant[6]. Si seulement j'avais des économies ! Mais soyons patients et attendons qu'il y aie [*sic*] des aéro-taxis. J'offrirai une promenade à Poule, quand nous en serons là.

Amitiés à tous, Papa et Poule.

Ton fils,
L. HÉMON

---

radieux du commencement à la fin. Soleil. Bain ... etc ... etc. Je sens que j'ai eu ma bonne part de vacances et je ne vous envierai rien. Amitiés.
Jeanne est-elle encore à Paris ?
4. Le couronnement de George V a eu lieu le 22 juin 1911.
5. Celui qui fut plus tard Edouard VIII.
6. Impossible de savoir si Hémon fait ici allusion à des visites officielles d'hommes politiques ou bien à des déplacements de parents ou d'amis (par exemple, une tournée d'inspection de son père en compagnie de Poincaré).

136. À MADAME FÉLIX HÉMON

3 Mornington Crescent
[Londres] 11 Août 1911.

Ma chère maman,

Bien reçu lettre, dont merci. Bien content d'apprendre que l'air breton vous va mieux que celui de Paris.

D'après ce que tu me dis, Hervé doit être un bien joli garçon. Ah, le gaillard ! Il a bien choisi son modèle; et voici qu'il m'imite en tous points, y compris la façon brillante de se comporter aux examens[7]. S'ils peuvent presque tous aller vous rejoindre à Beg-Meil, vous allez encore obtenir une majorité à l'hôtel des Dunes[8]. Il me sera naturellement impossible de passer le détroit, en ce moment plus que jamais, mais bien sincèrement merci de l'invitation tout de même. Je n'en ai d'ailleurs nul besoin; par le soleil qu'il fait, même les citadins comme moi peuvent s'offrir un teint bronzé; et la chaleur ne m'incommode nullement. De plus je passe presque tous mes dimanches à Richmond, en grande partie sur l'eau, grâce aux inlassables invitations de mon ami Marsillac[9]. Je n'ai jamais eu beaucoup d'amis, mais ceux que j'ai eus ont toujours été prodigieux d'hospitalité ! Vous ai-je dit que Schmit[10], s'étant installé pour quelques semaines dans les environs de Boulogne, m'avait également inondé d'invitations répétées.

Il est trop tard pour rien vous transmettre à l'intention des gens de St-Brieuc[11], mais rappelez-moi auprès de ceux

7. On avait écrit à Hémon que son cousin Hervé (fils de Prosper Hémon, dont il a été question précédemment) se mettait à lui ressembler beaucoup.
8. Hôtel à Beg-Meil, alors nouvellement construit, où toute la famille Hémon se retrouvait, allégeant ainsi la maison de Bréhoulou.
9. Journaliste, Jacques de Marsillac a vraisemblablement représenté des journaux français à Londres durant plusieurs années. Il était directeur de *Samedi-soir* au moment où *Monsieur Ripois* a été publié pour la première fois, dans ce journal.
10. Maurice Schmit, dont nous avons déjà parlé, s'était installé pour quelque temps au bord de la mer.
11. La famille de Prosper Hémon.

du Huelgoat[12], Charles, sa femme, et la petite fille qui, si je ne me trompe, s'appelle Suzanne ! Ai-je de la mémoire ?
Amitiés à Papa et Poule[13].

Ton fils,
L. HÉMON

137. À MADAME FÉLIX HÉMON

3 Mornington Crescent
London N.W.
4 Octobre 1911.

Ma chère maman,
J'espère que tu as reçu ma carte avant ton départ de Beg-Meil.

Pour répondre aux questions de ta dernière lettre. Oui : j'ai bien reçu les 10 f de Grand'Mère et je croyais bien en avoir accusé réception. Excuses.

C'est bien de Marsillac qui est avec sa femme et sa petite fille sur la photo que je vous ai envoyée. Il n'est pas plus Anglais que moi, à preuve que son père est magistrat à Paris et porte des cravates Lavallière ! ![14]

Quant à l'air certainement mauvais que j'ai sur cette photo, ce n'est qu'une apparence car j'étais à ce moment plongé dans une parfaite béatitude.

Pour changer de sujet, je reviens sur une phrase d'une de mes récentes lettres, par laquelle je disais : 1° que je n'aurais plus besoin d'argent de vous à partir d'octobre; 2° que si le dernier envoi au début d'octobre, c'est-à-dire maintenant, pouvait être plus fort que d'ordinaire, cela me rendrait service.

---

12. Patelin au centre de la Bretagne. « Ceux de Huelgoat » sont Charles Le Breton, neveu de Mme Félix Hémon, sa femme et leur fille.

13. Le même jour, Hémon adresse à sa sœur ses vœux anticipés de bon anniversaire :
Bonne fête, et excuses si je suis en avance sur le calendrier. [Marie Hémon célébrait son anniversaire le 15 août.] C'est pour être sûr de ne pas oublier. Bonnes vacances, etc . . .

14. Nous reproduisons en hors-texte (illustration IX) le fragment de cette photo où apparaît Louis Hémon.

La raison en est que je pars la semaine prochaine pour Montréal (Canada), une fois là je n'aurai plus besoin de rien; mais si le budget familial pouvait me manifester son plaisir d'être débar[r]assé de moi en me fournissant un ou deux billets, cela m'arrangerait. À Montréal, comme je le dis plus haut, je sais que faire, et n'aurai en tout cas plus recours à vous.

Je m'en vais d'abord parce que rien ne m'attache plus à Londres, et pour d'autres raisons excellentes pour moi, mais qui n'auraient de sens pour personne d'autre.

Je crains bien un peu que vous ne vous affoliez à cette nouvelle, et je crains aussi que vous n'y voyiez une lubie subite et déraisonnable. Je vous étonnerais probablement si je vous disais depuis quand je cherchais une bonne occasion de m'en aller. En tout cas c'est un fait que je m'en vais.

Ne dites pas que je m'éloigne de vous de plus en plus, parce que je n'ai pas l'intention de passer toute ma vie, ni même beaucoup d'années dans la libre Amérique. En fait, et tout extraordinaire que cela puisse paraître, c'est un chemin détourné pour revenir en France.

L'important c'est que je m'en vais, pour quelque temps, et que ma seule inquiétude est que vous ne preniez mal la nouvelle.

Je quitterai probablement Londres pour Liverpool mercredi prochain; je serai peut-être forcé de rester quelques jours à Liverpool, mais en tout cas vous tiendrai scrupuleusement au courant.

Vous embrasse tous.

Ton fils,
L. HÉMON

138. À MADAME FÉLIX HÉMON

3 Mornington Crescent
London N.W.
Samedi [7* octobre 1911].

Ma chère petite maman,
    Voilà encore que je te fais du chagrin. Je t'assure que je m'en rends compte, et que cela me fait beaucoup de peine; mais au fond [tu dois souhaiter avant tout que je mène ma vie comme je l'entends. C'est ce que je fais. Tout ne va pas comme dans les contes de fées; il y a bien des choses qui me donnent l'air d'un déséquilibré — ce qui n'a pas d'importance — et d'autres qui me donnent l'air d'un paresseux et d'un incapable, ce qui est plus ennuyeux.

    Eh bien ! Ma petite maman je vais te dire en secret que je ne suis pas déséquilibré du tout et que je sais ce que je fais. Même quand je ne réussis pas dans les détails, je ne perds pas de vue l'essentiel; et je ne perds pas une bribe de confiance. Vous auriez moins de chagrin si je vous faisais mes confidences, auxquelles vous avez vraiment droit; mais il m'est presque physiquement impossible de faire des confidences. C'est une sorte d'infirmité. Dans ces conditions c'est demander beaucoup que de vous demander de me faire crédit; mais c'est pourtant ce que je vous demande, d'avoir confiance malgré tout.

    Je ne vais pas vous promettre de faire quelque chose de merveilleux, ni de réussir d'une manière éclatante. Ces choses-là ne sont certaines que dans les livres. Mais j'ai de bonnes chances, et je me crois parfaitement lucide. Alors même si tout le monde me croit maboul et bon à rien, je veux que tu sois d'un autre avis. Dis aux autres : Il sait ce qu'il fait ! et surtout crois-le. Et crois aussi que j'ai infiniment d'affection pour toi et vous tous, à ma manière.

    Et maintenant fais un effort pour ne pas mettre de la tragédie où il n'y en a pas, et songe à mon déplacement tout simplement comme à un départ pour un pays remarquablement sain et où, disent les statistiques, il y a du travail pour tout le monde. Et je n'y vais pas à l'aventure comme un petit garçon qui joue aux pirates, et s'attend à trouver des trésors.

Je vous renverrai avant mon départ ma vieille malle, avec des papiers que je laisserai à votre guarde [*sic*]][15].

Bien affectueusement.

Ton fils qui t'aime,
L. HÉMON

139. [À FÉLIX HÉMON]

Londres [11 octobre*] 1911.

Je suis non seulement prêt à, mais désireux de voir de près des métiers généralement considérés comme humbles. Ainsi, et pour éviter que vous ne preniez cela pour une déchéance tragique, quand le moment sera venu, je puis vous dire tout de suite que j'ai l'intention de « faire la moisson » l'été prochain. Toqué ? C'est entendu; mais ma folie est plus systématique qu'il n'apparaît au premier coup d'œil.

Il m'est répugnant et presque impossible de tenir même vous, que j'aime sincèrement, au courant de mes intentions, même si ces intentions sont de celles qui ne vous déplairaient en rien. Je suis fait comme cela, vous le savez bien, et je n'y peux rien . . .[16]

....

....[17]

Il va sans dire que je ne veux pas que vous vous dérangiez d'un centimètre parce que je quitte Londres. Venir à Liverpool serait absurde.

J'ai eu grand tort, en mendiant encore une fois, de ne pas donner de chiffre. Je n'ai que faire de mille francs; je ne

15. La partie de cette lettre qui est entre crochets a été citée dans *Liaison XV*, vol. 2, mai 1948, p. 266sq.
16. Nous reproduisons ici un fragment de lettre, d'après une copie manuscrite de Marie Hémon. Cette copie porte l'en-tête :
Copie d'une lettre sans date
1911
Londres.
17. Tout porte à croire que le fragment ci-dessus appartient à une longue lettre dont il ne reste que le deuxième feuillet que nous reproduisons, à la suite, d'après l'original.

vous renverrai pourtant rien de Londres avant de partir, mais attendrai d'être de l'autre côté pour voir ce que je pourrai restituer.

J'écris à maman aussi.

Très sincèrement.

Ton fils,
L. HÉMON

140. À MADAME FÉLIX HÉMON

Londres N.W.
11 Oct. 1911.

Ma chère maman,

Merci de ta lettre, contenant le chèque. J'ai bien reçu également la lettre de papa.

Je pars demain matin pour Liverpool, et demain à quatre heures de Liverpool sur le vapeur *Virginian* de l'Allan Line, un de leurs plus gros et plus modernes bateaux. Traversée 7 jours; je vous enverrai naturellement un mot de Québec, que vous aurez donc dans une quinzaine.

Comme je te le disais, je renvoie à Paris ma malle; presque vide, sauf des papiers que je te prierai de mettre dans un coin en sûreté, là où ils ne s'égareront pas. Je suis obligé de faire l'envoi en port dû, l'agence ne pouvant me dire quel sera le port.

Je n'ai rien d'autre à dire, je crois, sinon que je souhaiterais que vous soyez aussi tranquilles que moi.

Je vous embrasse affectueusement tous les trois.

Ton fils,
L. HÉMON

Je vous enverrai la clef de la malle; il faudra peut-être que quelqu'un aille l'ouvrir à la douane. Si Poule a le temps, elle pourrait peut-être s'en charger.

L.H.

P.P.-S. [*sic*] Je retrouve parmi mes papiers des timbres français, ci-inclus.

141. À MADAME FÉLIX HÉMON

Québec, Vendredi 18 Oct. 1911[18].

Ma chère maman,

Bien arrivé à Québec après une excellente et très agréable traversée. Mer à peu près aussi redoutable que la Seine au pont des Arts. Cette semaine à bord m'a fait autant de bien qu'un mois de vacances, et j'ai dû fortement engraisser. Température très douce ici, ce qui continuera probablement jusqu'en novembre. J'ai fait connaissance sur le bateau avec un missionnaire (de Dinan), qui m'a donné toutes sortes de renseignements utiles.

Je continuerai probablement sur Montréal demain soir. Tu pourras voir sur la carte qu'il ne s'agit que d'un court trajet.

Je ne puis naturellement pas donner mon adresse avant d'en avoir une, c'est-à-dire d'ici trois ou quatre jours. Si vous aviez quelque chose d'urgent à me faire savoir, écrivez à mon nom « poste restante » Montréal. Autrement attendez que je vous donne mon adresse. Je regrette de ne pas pouvoir rester plus longtemps à Québec, qui est une ville extrêmement intéressante.

À bientôt donc d'autres nouvelles. J'espère bien que vous êtes tous en bonne santé.

Amitiés à Papa et Marie.

Ton fils,
L. HÉMON

---

18. Copie de la première lettre de Louis Hémon écrite du Canada. Marie Hémon a offert, en 1948, l'original de cette lettre aux Archives du Québec, original dont nous avons obtenu la photocopie. Nous avions par ailleurs pris connaissance de ce texte grâce à la copie faite par Marie Hémon dont il a été facile de reconnaître l'écriture. L'original porte l'en-tête imprimé : *Blanchard Hotel (Notre-Dame Square), J. Cloutier, Proprietor.*

142. À MADAME FÉLIX HÉMON

1230 Rue St-Hubert
Montréal
Canada
28 Oct. 1911[19].

Ma chère maman,

Tu trouveras ci-dessus ma nouvelle adresse. Je suis à Montréal depuis le commencement de la semaine, mais viens seulement de retenir une chambre.

Ma lettre de Québec vous aura appris que j'ai fait un excellent voyage. Depuis, le temps a été assez beau et encore clément, sauf un peu de neige hier. Mais c'était une pauvre petite neige genre européen qui fondait à mesure; la vraie ne viendra guère qu'en novembre. Aujourd'hui le soleil brille. Le climat et le régime me vont à merveille. Le pays me plaît et je crois que ça marchera bien.

Je commence à parler canadien comme un indigène. Je prends les « chars » (tramways électriques), je parle tout naturellement de la « chambre de bains » et de la « chambre à dîner » sur le même « plancher » (étage) etc... C'est une langue bien curieuse.

À bientôt d'autres nouvelles. Je compte que vous êtes tous trois en bonne santé et que vous ne souffrirez pas de l'hiver.

Amitiés à Papa et Marie.

Ton fils qui t'aime,
L. HÉMON

---

19. Lettre offerte par Marie Hémon (mars 1938) aux Archives publiques du Canada. Nous reproduisons cette lettre d'après la photocopie que Gustave Lanctot, alors archiviste en chef du Canada, a fait parvenir à Marie Hémon, le 1er avril 1938.

143. À MADAME FÉLIX HÉMON

Boîte Postale 1131
Montréal
Mardi 28 Nov. 1911.

Ma chère maman,

Je trouve aujourd'hui ton câble, mais n'arrive pas bien à comprendre ce qui t'inquiète. Tu as eu plusieurs fois des nouvelles de moi depuis que j'ai passé l'eau, et comme il n'y a ici ni tremblements de terre, ni épidémie, et que les Indiens ont cessé leurs attaques subites depuis un bon siècle ou deux, je suis aussi parfaitement en sûreté ici qu'à Mornington Crescent ou rue Vauquelin.

Mais je tâcherai d'écrire plus fréquemment en attendant que vous vous habituiez à l'idée que l'Amérique est partiellement civilisée.

J'ai bien reçu la lettre de Poule et la tienne la semaine dernière.

Tout à fait inutile d'envoyer le moindre argent, ni maintenant, ni pour le jour de l'an, ni plus tard. Je n'ai pas éprouvé grande difficulté à m'assurer le pain quotidien, accompagné d'une quantité raisonnable de steaks et de côtelettes. Heureusement, car le climat porte à la santé: j'ai d'ailleurs promptement adopté les mœurs locales sur le point, et si tu me voyais prendre pour « petit déjeuner » du matin deux côtelettes de veau avec des pommes de terre et des petits pains chauds, tes inquiétudes subsisteraient peut-être, mais sous une autre forme. Je connais un restaurant bienheureux où l'on a tout cela, avec du café, pour quinze sous. Car la nourriture est bon marché, si le reste est cher.

Comme j'avais acheté à Londres avant de partir tout ce qu'il me faut comme vêtements de dessus et de dessous, me voilà prêt à tout, et sans besoins aucuns.

D'ailleurs il n'a pas fait bien froid jusqu'ici, deux ou trois périodes de quelques jours où le thermomètre est descendu à 8 ou 10 au-dessous[20], pour remonter bientôt; et pas

---

20. Il s'agit sans doute de degrés centigrades.

IX

Louis Hémon

(Collection de la Bibliothèque de l'Université de Montréal)

X

Carte postale adressée de Montréal (8 décembre 1911) à Marie Hémon
On lit à l'endos : « Vois et frissonne Poule. Mais nous n'en sommes
pas encore là cet hiver. Quand nous en serons là, je te le ferai savoir,
pour que tu mettes une seconde couverture de laine, par sympathie.
Bonne chance. »

XI

Rue Saint-Jacques à Montréal
On aperçoit à droite l'édifice de Lewis Brothers,
employeur de Hémon.

(Collection de la Bibliothèque de l'Université de Montréal)

P.O. BOX 355   BELL Tel. 1919

Blanchard Hotel

(NOTRE DAME SQUARE)

J. CLOUTIER, Proprietor.

Québec, Vendredi 18 Oct.   1911.

Ma chère maman,

Bien arrivé à Québec après
une excellente et très agréable traversée.
Mer à peu près aussi redoutable que la Seine
au pont des Arts. Cette semaine à bord
m'a fait autant de bien qu'un mois de
vacances, et j'ai du fortement engraisser.
Température très douce ici; ce qui continuera
probablement jusqu'en Novembre. J'ai fait
connaissance sur le bateau avec un missionnaire
(de Dinan) qui m'a donné toutes sortes de

XII

Fac-similé d'une lettre de Hémon
du 18 octobre 1911 à Mme Félix Hémon

(Collection de la Bibliothèque de l'Université de Montréal)

mal de neige dans les rues, neige qui y est restée depuis trois semaines sous des formes diverses, glace, boue, etc... Le vrai hiver canadien n'est pas encore venu.

[Montréal] n'est pas une ville bien plaisante, malgré sa taille (500 000 hab[itants]). D'abord elle [ressemble trop à l'Europe, et je crois bien que je m'en irai plus loin dans l'Ouest au printemps. Mais en attendant me voilà installé en plein luxe pour l'hiver.][21]

Les photographies que tu m'as envoyées m'intriguent. Je ne suis plus bien sûr des petites cousines. Est-ce la petite Marguerite qui a poussé comme ça et qui porte des cheveux sur le devant; et est-ce Louise ou Anne qui est à côté[22] ? Mais mon cœur a sauté de joie en reconnaissant Eugène avec une casquette d'amiral[23].

Affectueusement à tous trois.

Ton fils qui t'aime,
L. HÉMON

144. À MADAME FÉLIX HÉMON

Boîte 1131
Montréal
5 Décembre 1911.

Ma chère maman,

Je reçois ta carte ce soir, et t'envoie un mot — je vois qu'il y a une malle[24] demain — pour dissiper les derniers vestiges d'inquiétude que vous pourriez encore avoir sur mon sort. Mais vous aurez déjà reçu ma lettre de la semaine dernière.

Je vous donnerai l'adresse de mon logement sous quelques jours; mais *écrivez-moi toujours à ma boîte postale;* car je pourrais déménager brusquement, cela m'est déjà arrivé, et vu

---

21. Le texte entre crochets de ce paragraphe a déjà été cité dans *Liaison XV,* vol. 2, mai 1948, p. 267. La coupure est de Marie Hémon.
22. Marguerite et Louise, filles de Louis Hémon (le député), Anne, leur cousine, fille de Prosper Hémon.
23. Eugène Onfroy, en uniforme de sous-préfet.
24. Il est intéressant de noter que Hémon a déjà adopté l'usage local du vocabulaire.

le temps qu'il faut pour vous en aviser, etc... des lettres s'égareraient.

Pas grand'chose à ajouter à ce que je disais dans ma dernière lettre; je suis en pleine pro[s]périté — relative — ; le climat me va à merveille, et les manières un peu abruptes des indigènes me conviennent aussi fort bien. Mais Montréal est une sale ville pour les pauvres diables, pendant l'hiver.

[Dimanche dernier a été une des plus belles journées que j'ai encore vues; température de 12 à 15 au-dessous (Centigrade), mais ciel d'Italie et soleil éclatant au point qu'il paraît idiot de mettre un pardessus. Le St-Laurent avait commencé à geler un peu, mais ce soir le thermomètre remonte, sans remonter au zéro toutefois.]

Tu pourrais peut-être m'envoyer un journal de temps en temps, tous les quinze jours par exemple, ou bien quand tu m'écris. Naturellement il y a des journaux français ici; mais ils ne sont pas de première force, sauf pour les nouvelles locales : « Courrier de... », « Les jeunes filles de notre ville répètent de jolis cantiques pour les fêtes de Noël. » ou bien : « Notre concitoyen Mr Gagnon et son épouse sont allés en promenade chez leurs parents de Québec pour quelques jours. » etc... C'est patriarcal, mais faiblard.

[Quant au « vieux français » du Canada, à Montréal tout au moins on n'en voit guère trace.] C'est tout simplement le mauvais français anglicisé qu'on entend surtout. [Dans les campagnes la langue est peut-être plus intéressante, mais je n'ai guère le loisir de me promener en ce moment. Au printemps...][25]

Amitiés à tous trois.

Ton fils qui t'aime,
L. HÉMON

---

25. Les passages entre crochets ont été cités dans *Liaison XV*, vol. 2, mai 1948, p. 267. La coupure dans la citation avait été faite par Marie Hémon.

145. À MADAME FÉLIX HÉMON

Boîte 1131 – Montréal
21 Décembre 1911.

Ma chère maman,

J'ai écrit il n'y a pas bien longtemps; mais le premier janvier approche, et un usage respectable veut que l'on échange de la correspondance à cette époque.

Cette lettre, qui vous parviendra, je l'espère, au bon moment ou à peu près, est donc chargée de toutes sortes de vœux, futiles comme tous les vœux, mais les plus sincères du monde. Que tout marche comme vous le souhaitez dans notre univers, avec même quelques bonheurs inattendus au cours de l'année, c'est une formule vague sans doute, mais je ne sais trop que vous souhaiter en détail. En tout cas que cette lettre vous apporte une petite preuve de grande affection.

Et surtout [si vous pensez à moi au moment de la nouvelle année, que ce soit sans l'ombre de souci. Je suis gras, heureux et confortable; je touche des appointements énormes avec ponctualité, si énormes que vous aurez peine à le croire, je commence à faire des économies ! Quand le printemps viendra, j'aurai un bas de laine, et je quitterai Montréal avec sérénité, et sans regret. Car c'est une ville] peu pittoresque, et en somme [trop pareille à celles de la vieille Europe.][26]

Au milieu de tant de prospérité, j'ai transporté ma clientèle du restaurant à quinze sous à un autre restaurant à vingt-cinq sous, très distingué; si distingué qu'on a des couteaux à dessert ! Ceci est, à Montréal, l'indice du luxe le plus effréné, et je crois que certains indigènes voient cela avec tristesse, et considèrent ces raffinements comme une marque de mollesse décadente, bonne pour vos vieux pays moisis d'Europe.

Le climat continue à être changeant, et, somme toute, désillusionnant. Le St-Laurent n'est toujours pas gelé, et la neige n'est guère épaisse dans les rues. Mais attendons . . .

---

26. Le texte entre crochets a été cité dans *Liaison XV*, vol. 2, mai **1948**, p. 267sq. Les coupures sont de Marie Hémon.

J'envoie un mot à Grand'Mère[27]. J'enverrais bien des cartes aux petites cousines si je savais où elles sont en ce moment. Si à Paris, rappelle-moi encore le numéro, que j'oublie régulièrement.

Re-souhaits. Re-baisers affectueux à tous trois.

Ton fils qui t'aime,

L. HÉMON

P.-S. Mon adresse est 419 rue St-Hubert mais écrivez toujours à ma boîte postale s.v.p.

---

27. Mme Nicolas Hémon.

1912

146. À MADAME FÉLIX HÉMON

Boîte 1131 – Montréal
6 Février 1912.

Ma chère maman,

J'ai bien reçu tes diverses lettres et cartes, dont merci. Bien reçu également les nombreux *Temps* et *Excelsiors*[1], dont grand'merci [*sic*]. Mais [ne m'envoie plus, de grâce, de discours de réception à l'Académie; j'en garde les sensations du monsieur qui a bu une potée d'infusion de guimauve.]

Dans une lettre récente tu faisais allusion à la magnificence de mes ressources; je crains que tu n'aie[s] pris un peu trop littéralement l'expression de contentement d'une âme simple, que la perspective de faire plusieurs vrais repas par jour, d'avoir une chambre à lui tout seul, et de se faire blanchir de temps en temps, charmait. Mais tu as un moyen bien simple de te réjouir en pensant à ton fils et à sa pro[s]périté; songe perpétuellement qu'il a toujours bon nombre de billets de banque en poche. Car la monnaie métallique ne va ici que jusqu'au demi-dollar (2 f 50) et à partir d'un dollar tout est papier. De sorte que je sors fréquemment d'une poche de pantalon, d'un beau geste négligent, une liasse de billets; n'est-ce pas, à cent sous chaque [*sic*] ! . . .

L'hiver canadien a du bon : d'abord il ne fait pas bien froid, ensuite quand il tombe quelque chose ce n'est jamais

---

1. *Le Temps* est un quotidien français, fondé en 1861 et disparu en 1942. C'était un journal sérieux, de tendance libérale. Rappelons incidemment que *Maria Chapdelaine* a d'abord paru en feuilleton dans *le Temps*. L'*Excelsior*, revue française illustrée traitant d'actualité.

que de la neige, et cette neige-là reste et ne fond pas. Et il y a souvent des journées magnifiques. Le thermomètre n'oscille guère qu'entre 10 et 20 au-dessous, température raisonnable et saine à laquelle on s'habitue en un rien de temps. Inutile de dire que depuis six semaines déjà le Saint-Laurent est gelé, et qu'on le traverse à pied, en voiture, etc... sur une piste spécialement déblayée. Quand je dis voitures, il faut lire traîneaux, naturellement, car les véhicules à roues ont disparu depuis longtemps.

Côté distractions; si mes goûts me poussaient au mélodrame, je pourrais aller voir ceux qui se jouent ici régulièrement, changeant toutes les semaines ou presque. *La Grâce de Dieu, Les Fils du Menuisier,* etc... en un mot tout le répertoire de l'Ambigu[2]. Oh! Nous sommes une ville intellectuelle et gaie!

J'espère que vous êtes bien tous trois. [Vous avez plus de chances que moi d'attraper des rhumes, dans votre vilaine ville où il pleut. C'est donc moi qui vous recommanderai de faire attention.][3]

Amitiés à Papa et Poule.

Ton fils qui t'aime,
L. HÉMON

147. À MARIE HÉMON

[Montréal] Mardi 27 Février 1912.

Bonne Poule,

Bien reçu ta lettre, ainsi que celle de maman, qui est arrivée ce matin. Vous avez dû avoir des lettres ou cartes de

---

2. Théâtre de boulevard, à Paris, spécialisé dans la représentation de mélodrames. *La Grâce de Dieu,* drame en cinq actes par d'Ennery, est alors à l'affiche du théâtre Parisiana. A propos des *Fils du menuisier,* voici ce qu'on peut lire dans *la Patrie* du 24 janvier 1912 : « Avec *les Fils du Menuisier* de Frédéric Soulié, le Théâtre National Français nous offre cette semaine la pièce de famille par excellence, pièce éminemment morale et mettant plus spécialement en relief les sentiments honnêtes de la classe ouvrière. »

3. Les passages entre crochets ont été cités dans *Liaison XV,* vol. 2, mai 1948, p. 268.

moi depuis. Je reçois également l'*Excelsior*. C'est de l'extravagance que de m'abonner comme cela, car je n'avais nul besoin de ce flot de nouvelles, surtout avec les numéros du *Temps* qui arrivent de temps en temps. Mais merci tout de même.

Je suis tout réjoui d'apprendre que Victor se marie[4], et je vais lui écrire ce soir même. Il n'est que temps qu'il y en aie [*sic*] dans la famille qui donnent ce bel exemple de vertu et de patriotisme... etc. Car jusqu'ici il n'y a guère eu de « marieux » parmi nous.

Ici temps assez variable; une nouvelle petite attaque de 30° au-dessous, puis quelques tempêtes de neige. Au demeurant, le climat le plus sain du monde, sans plaisanterie. Maman me dit qu'il y a eu un papier dans *La Patrie*[5]. C'est bien possible, encore que je n'en sache rien. C'est Marsillac[6], correspondant de *la Presse* et qui connaît les légumes de la « Presse-Patrie », qui avait suggéré qu'il me placerait quelques proses là-dedans; mais je n'ai pas l'intention de continuer.

Amitiés à Papa et Maman, et toi.

Ton frère,
L. HÉMON

---

4. Le cousin Victor Doudet qui épousait alors Renée Le Doze.
5. Il s'agit du journal parisien et non du journal montréalais du même nom. Même chose pour *la Presse* dont il est question plus loin. A la date du 2 janvier 1912, en page 2, *la Patrie* publie un article de Hémon intitulé « Québec, ville française ». Ajoutons que, sous le pseudonyme de Ambulator, Hémon avait publié, en 1911, quelques articles sportifs pour *la Presse* de Montréal: « Le sport de la marche » (28 octobre 1911 et 4 novembre 1911), « Le sport et la race » (11 novembre 1911) et « Le sport et l'argent » (18 novembre 1911).
6. Jacques de Marsillac, journaliste et ami de Hémon.

148. À LYDIA KATHLEEN HÉMON[7]

[Montréal, 2* mars 1912.]

*I was very, very glad to know you were getting better,
Kathleen, and you must hurry up and get big fat cheeks like
the little Indian girl on this card.*

Your dad.
L.H.[8]

149. À MADAME FÉLIX HÉMON

Boîte 1131 – Montréal
13 Mars 1912.

Ma chère maman,

Je continue à recevoir les *Temps* que tu m'adresses, dont
bien merci; également l'*Excelsior,* et me voilà au courant de
tout ce qui se passe sur le Boulevard comme si j'en étais à deux
pas.

Le printemps vient; il suffit de regarder l'almanach pour
s'en assurer. Seulement c'est l'almanach qu'il faut regarder, et
non le trottoir, car il y a toujours de pittoresques amoncellements

---

7. La fille de Hémon est alors âgée de 2 ans et 11 mois.
8. Voici la traduction du texte :
J'ai été très, très content d'apprendre que tu allais mieux, Kathleen.
Tu dois vite te dépêcher pour avoir de grosses, grosses joues comme
[celles de] la petite Indienne sur cette carte.

Ton papa.
L.H.

Une autre carte, non datée, a été adressée par Hémon à sa fille. En
voici le texte et la traduction :

*I remember you had a lot of dollies, so you cannot be jealous of this
little girl on the other side. I hope you are as good as you can. And
how good is that?*

Je me souviens que tu avais plusieurs poupées; tu ne peux donc être
jalouse de cette petite fille [représentée] de l'autre côté [de la carte].
J'espère que tu es aussi sage que tu le peux. Cela veut dire combien
sage ?

de neige dans les rues, le thermomètre se maintient avec le plus grand soin au-dessous de zéro et l'on continue à traverser le Saint-Laurent en traîneau. À part de la neige de temps en temps, ce matin par exemple, il fait d'ailleurs fort beau, et je ne suis guère pressé de voir arriver la fonte, qui doit être un joli gâchis. Car il y a quelques millions de mètres cubes de neige dans les rues de Montréal, et comme on s'en remet au soleil d'avril, et aux premières pluies, du soin de les faire disparaître, les bottes d'égoutier suffiraient à peine à protéger les pauvres piétons.

Rien de nouveau d'ailleurs. À part quelques meurtres journaliers, à l'instar des grandes capitales, Montréal est bien tranquille, et les journaux locaux en sont réduits à remplir leurs colonnes de discussions, parlementaires ou autres, sur les écoles catholiques dans le Manitoba, et autres sujets également passionnants, dont je me surfiche.

Bonne chance et bonne température [*sic*] à Papa dans ses voyages, et amitiés à tous trois.

Ton fils qui t'aime,
L. HÉMON

150. À MADAME FÉLIX HÉMON

Box 1131 – Montréal
27 Mars 1912.

Chère maman,

Je t'ai envoyé hier en colis postal deux petites affaires en cuir pour le cousin Victor[9]. Un porte-pipe et un rond de cuir de destination plus vague, portant les feuilles d'érable nationales. J'espère que Victor est toujours bon garçon, et ne s'offusquera pas de recevoir des bêtises comme celles-là, l'intention étant amicale. Je te l[es] ai envoyée[s] parce que je crains qu'on ne

---

9. Il s'agit d'un cadeau de noces que Hémon envoie à son cousin Victor Doudet.

fasse payer un droit quelconque dessus. Fais-les-lui parvenir :
s'il te plaît.

Rien de nouveau; beau temps; santé parfaite.

Amitiés à Papa et Poule.

Ton fils qui t'aime,

L. HÉMON

151. À MADAME FÉLIX HÉMON

Boîte 1131 – Montréal
Mercredi 17 Avril [1912].

Ma chère maman,

Rien de nouveau depuis ma dernière lettre, ou carte; en
ce qui me concerne, s'entend, car pour le reste il y a comme
actualité la rencontre d'un bateau de quarante mille tonnes[10],
valeur dans les cinquante millions de francs avec la cargaison,
et d'un morceau de glace dont personne n'aurait donné deux
sous, c'est le morceau de glace qui a gagné. Les journaux vous
auront donné tous les détails : mais ici, où les transatlantiques
jouent un rôle important, elle a fait une encore plus grosse
sensation, d'autant plus qu'il y avait pas mal de Montréalais
et de Canadiens à bord.

Car le Saint-Laurent n'a pas encore consenti à s'aper-
cevoir que le printemps était venu, et il est toujours superbe-
ment gelé d'une rive à l'autre. On annonce tous les jours la
débâcle pour le lendemain : mais on l'attend encore; aussi les
bateaux devront-ils attendre le mois prochain pour revenir
ici. Entre parenthèses le bon vieux *Virginian,* sur lequel j'ai
traversé, est un des bateaux qui se sont portés au secours du
Titanic, mais sont arrivés trop tard.

Le temps n'est pas désagréable, bien qu'il pleuve quelquefois. La première pluie, après tous ces mois où il ne
tombait que de la neige quand il tombait quelque chose, est
très désagréable. Mais il y a aussi du soleil et qui chauffe.

À ta question sur mon équipement d'hiver je dois avouer
modestement ne posséder aucune espèce de fourrure, même

10. *Le Titanic.*

du plus humble lapin. J'ai porté tout l'hiver un bon vieux pardessus qui a des états de service, et je n'ai jamais eu froid. Dans les villes on ne sent guère le froid, à moins de coucher dehors. Par exemple j'ai eu une oreille gelée : résultat net, ma beauté grecque a été abîmée pendant deux jours par une sorte de pendant de la dimension d'une feuille de chou et de la couleur d'une tomate, qui était l'oreille en question. Inutile de dire qu'il n'en reste aucune trace. (Il reste trace de l'oreille; pas de malentendu !)

    Amitiés à tous trois.

Ton fils qui t'aime,
L. HÉMON

152. À MADAME FÉLIX HÉMON

Boîte 1131 – Montréal
26 Avril 1912.

Ma chère maman,

    J'ai bien reçu ta lettre du 11.

    [Ne m'abonne ni à *Excelsior,* ni à aucun autre journal, je te prie.] D'abord les journaux locaux me renseignent à peu près sur ce qui se passe de votre côté de l'eau; et puis, et surtout, [je compte quitter Montréal vers la fin du mois prochain, et ne serai plus ici pour recevoir lesdits journaux. Naturellement j'écrirai de nouveau avant mon départ, et vous ferai savoir aussi tôt que possible ma nouvelle résidence; mais mes mouvements seront un peu incertains pour quelque temps, et je me déplacerai probablement pas mal avant de m'installer pour l'été. Ce sera pourtant quelque part dans la Province de Québec.

    Le printemps est venu tout de même. Dimanche dernier, par exemple, il faisait un soleil éclatant; si chaud qu'un pardessus, même de demi-saison, eût été fort gênant; je me suis vautré une partie de la journée sur l'herbe en haut de la montagne — vous avez dû voir sur certaines de mes cartes postales la butte qu'on décore de ce nom, et qui est dans Montréal même[11] — mais de là-haut on avait une vue du Saint-Laurent

---

11. Le Mont-Royal.

sur un mille ou deux de longueur, et ledit Saint-Laurent était
encore bloqué par les glaces d'une rive à l'autre. Aujourd'hui
vendredi il est à peu près libre, la débâcle s'étant faite, et les
premiers vapeurs vont remonter ici sous quelques jours; ce qui
n'empêche pas que dans les coins du port se promènent encore
des petits blocs de glace de bonne taille, et que dans les coins
de pays où il y a de l'ombre, il reste encore des plaques de
neige.

L'hiver d'ici m'a bien plu, comme température, et si
l'été le vaut, dans son genre, je vote le climat du Canada le
meilleur que j'ai encore vu.][12]

Amitiés à tous trois, et aux autres. Inutile de parler de
ma santé; le reste va également bien.

Ton fils qui t'aime,
L. HÉMON

153. À MADAME FÉLIX HÉMON

Montréal
20 Mai 1912.

Ma chère maman,

Rien de nouveau ici; j'ai vu dans les journaux que vous
aviez eu une vague de chaleur à Paris; ici, il ne fait pas encore
bien chaud et le temps est assez incertain. Les feuilles commencent tout de même à se montrer, en retard sur celles des
marronniers du Luxembourg probablement. Je ne pourrai
guère quitter Montréal avant le 10 juin.

Nous avons eu la visite de la délégation française, Hanotaux, Barthou, *Cormon, Gaston Deschamps*[13], etc.; ils ne sont

12. Le texte entre crochets a été cité dans *Liaison XV,* vol. 2, mai 1948,
p. 268sq.
13. Gabriel Hanotaux, historien et homme politique, membre de l'Académie française depuis 1897, et Louis Barthou, homme politique,
sont nommés comme membres de la délégation et non comme
connaissances personnelles de Hémon. Il en va autrement de Cormon et de Gaston Deschamps. Fernand Piestre, dit Cormon, est un
peintre français, ami de la famille Hémon. Il était le père de la
belle et célèbre Nelly Cormon, camarade d'enfance de Louis.
Gaston Deschamps, universitaire français, était un autre ami personnel des Hémon.

d'ailleurs pas restés longtemps et, leur programme officiel ne comportant pas de visite au 419 de la rue Saint-Hubert, nous ne nous [sommes] pas rencontrés. Quelques-uns d'entre eux, Bazin et Lamy[14], sont restés ici un peu plus longtemps, pour débiter, René Bazin tout au moins, des conférences remarquablement ineptes.

Je ne partage pas ton horreur au sujet des batailles Bonnot-Garnier[15] etc... En fait voilà de quoi humilier et faire taire les Américains de l'Ouest quand il nous racontent des histoires genre Buffalo Bill[16]. Ils n'ont rien vu de mieux depuis longtemps d'un bout à l'autre des États-Unis, ni même d'aussi bien. On ne dort pas en France !

Les photos de la noce de Victor m'ont ravi. Avec la mariée, suavement préraphaélite, Victor qui a l'air d'un frère jumeau de Tristan Bernard[17], et Anne[18] qui ressemble à une Polaire engraissée, la noce est superbe.

J'espère que vous allez tous bien, et que si vous voyagez vous ferez attention à vous. Je suppose que vous irez à Beg-Meil cet été, comme de coutume.

Amitiés à Papa et Poule.

                                        Ton fils qui t'aime,
                                        L. HÉMON

---

14. René Bazin, écrivain, et Etienne Lamy, homme politique et historien, étaient tous deux membres de l'Académie française. L'opinion de Hémon sur Bazin peut faire sourire si l'on songe à l'article élogieux que ce dernier lui a consacré dans *la Revue des Deux Mondes*, 1er octobre 1921, p. 528-555.

15. La « bande à Bonnot » était un groupe d'anarchistes qui commencèrent par cambrioler des banques et qui finirent par commettre des meurtres.

16. Pionnier américain dont le nom véritable était William Frederick Cody. Il s'illustra durant la guerre de Sécession et dans des expéditions contre les Cheyennes et les Sioux. Il est aussi célèbre comme chasseur de buffles et directeur de cirque.

17. Victor Doudet, effectivement, ressemblait beaucoup à Tristan Bernard.

18. Anne, fille de Prosper Hémon, dont la taille est comparée à celle d'une actrice célèbre de l'époque.

154. À MADAME FÉLIX HÉMON

Montréal
5 Juin 1912.

Ma chère maman,

J'ai été chagriné de trouver ce matin le télégramme m'annonçant la mort de Grand'Mère[19]. C'a [sic] dû être un triste voyage pour vous, et pour Papa surtout; dis-lui que j'ai du chagrin surtout de penser au sien, et j'espère qu'il ne va pas être trop éprouvé physiquement.

Je suis à Montréal pour une semaine ou dix jours encore, et j'écrirai de nouveau avant mon départ. Merci bien des *Temps*. Mais *Excelsior* paraît me continuer l'abonnement; tout au moins jusqu'à présent je l'ai reçu à peu près régulièrement. Tu pourrais leur faire savoir, au reçu de cette lettre, qu'il est inutile de continuer.

Rien de nouveau; temps très chaud par moments, jusqu'à 27 et 28, mais pas mal de pluie. Tâchez de rester tous bien et soignez-vous bien les un[s] les autres. Embrasse Papa pour moi.

Ton fils qui t'aime,
L. HÉMON

155. À MADAME PHILIPPS[20]

Montreal 5th June 1912.

Dear Mrs. Philipps,

I duly received your last letter, for which thanks. I do not know exactly what sort of an engagement you had to sign for

---

19. Mᵐᵉ Nicolas Hémon, qui habitait à Quimper.
20. Sœur de Lydia O'Kelly à qui Hémon avait confié la garde de sa fille alors âgée de trois ans. Il nous a paru intéressant d'inclure cette lettre adressée à la tante de l'enfant, parce qu'elle témoigne des difficultés réelles alors éprouvées par Hémon, difficultés que ses lettres habituelles sont loin de laisser soupçonner.

the hospital[21], but I hope you did not undertake to pay much,
for you know I never have much money, especially now, as I
am going to leave Montreal in a few days to take my chance of
what may come along.

So I am sending you herewith thirty dollars in notes
($30.00) which can be changed at Cook's or anywhere else.
Please use them for the baby or Lydia as carefully as you can,
because I do not know when I shall be able to send more, not
for two or three months in any case.

I shall let you know my new address when I have an
address to give, and be much obliged if you will keep me ad-
vised as to Lydia's health, and the baby's.

I quite understand that all this has upset you a good deal.
But you must be ready to forgive and forget a good deal, and
not get angry if Lydia in her present state, is sometimes nasty.
I hope you will only remember that she is in a very pitiful
situation, practically without any friends, except you, and me,
who cannot do much anyway. So if she s[e]ems to you to say
or do things that are mean, at any time, please do not get angry
and desert her now.

Hoping that she will get better quickly and pick up strength,
and that the baby also is well, and that you will not worry
yourself into bad health.

> *Yours very sincerely.*
> **L. HÉMON**

P.S. I am sending you the money, because I have had no letter
from either the hospital or the asylum, so I would not know
the correct addresses if I were to send it direct to them.[22]

---

21. La mère de l'enfant souffrait alors de troubles mentaux qui ont
    nécessité son internement.
22. Voici la traduction du texte :

Montréal, 5 juin 1912.

Chère Madame,

J'ai bien reçu votre dernière lettre, pour laquelle je vous remercie.

Je ne sais pas exactement quelle sorte d'engagement vous avez dû
signer pour l'hôpital, mais j'espère que vous ne vous êtes pas engagée
à de fortes dépenses, car vous savez que je n'ai jamais beaucoup d'argent,
surtout en ce moment puisque je quitterai Montréal dans quelques jours
afin de tenter ma chance à ce qui peut se présenter.

Je vous envoie donc, ci-inclus, trente dollars en billets ($30.00)
qui peuvent s'échanger chez Cook ou n'importe où ailleurs. Veuillez
les utiliser pour le bébé ou Lydia aussi soigneusement que possible,

156. À MADAME FÉLIX HÉMON

[Roberval] 24 Juin 1912.

Ma chère maman,

Tu as dû recevoir il y a quelques jours la lettre que j'avait [sic] écrite à Montréal, mais qui n'a été mise à la poste qu'à La Tuque. [Me voilà aujourd'hui à Roberval, au bord du lac St-Jean. Je vais toujours faire le tour du lac et voir ce qui se passe. Seulement il me faudra avoir recours à mes bonnes jambes de Tolède[23], le chemin de fer n'allant pas plus loin.

Ce coin-ci n'est plus cosmopolite comme Montréal, c'est absolument un coin de campagne française], d'ailleurs assez endormi. [Le lac ayant quelques [sic] six ou sept lieues de large j'ai l'illusion d'être au bord de la mer; voilà des vacances toutes trouvées . . .][24]

---

parce que je ne sais pas quand je serai en mesure d'en envoyer encore, pas avant deux ou trois mois de toute façon.

Je vous ferai connaître ma nouvelle adresse lorsque j'aurai une adresse à donner, et je vous serais reconnaissant de me tenir au courant de l'état de santé de Lydia et du bébé.

Je crois comprendre que tout cela vous cause bien des ennuis, mais vous devez être prête à pardonner et à oublier beaucoup de choses, et ne pas vous irriter si Lydia dans son état actuel, est parfois désagréable. J'espère seulement que vous vous souviendrez qu'elle est dans une situation des plus pitoyables, pratiquement sans amis, sauf vous et moi, qui ne pouvons d'ailleurs pas faire grand-chose. Voilà pourquoi si elle vous semble dire ou faire quelque mesquinerie que ce soit, je vous en prie, ne vous fâchez pas contre elle et ne l'abandonnez pas en ce moment.

J'espère qu'elle se remettra bientôt et retrouvera ses forces; j'espère aussi que le bébé va bien et que vous ne vous tracasserez pas au point de vous rendre malade.

Très sincèrement,
L. Hémon

P.-S. Je vous envoie l'argent à vous, parce que n'ayant reçu aucune lettre ni de l'hôpital ni de l'asile, je n'aurais su les adresses exactes si j'avais dû le leur faire parvenir directement.

23. Allusion à une plaisanterie française courante sur les mules de Tolède comme moyen de transport.

24. Le texte entre crochets a été cité dans *Liaison XV,* vol. 2, mai 1948, p. 269.

Je ne peux pas encore donner d'adresse, n'en ayant pas.
Dès que je serai fixé quelque part je vous en aviserai. Le temps
est chaud, mais orageux; il va y avoir de la pluie, ce qui ne
changera rien.

Amitiés à Papa et Poule.

Ton fils qui t'aime,

L. HÉMON

157. À MADAME FÉLIX HÉMON

Péribonka

13 Juillet 1912.

Ma chère maman,

[L'Agriculture ne manque plus de bras ! elle a les miens.
Sur la ferme de l'excellent M. Bédard (Samuel) je contribue
dans la mesure de mes faibles moyens au défrichement et à la
culture de cette partie de la Province de Québec, qui en a pas
mal besoin.

Vous avez dû recevoir mes diverses cartes postales, la
dernière vous donnant mon adresse ici. Au cas où vous ne
l'auriez pas, je la redonne :

Poste Restante

Grand Péribonka (Lac St-Jean)

Prov. de Québec, Canada.

Je doute que vous trouviez Péribonka sur les cartes. Vous
n'y trouveriez peut-être même pas le lac St-Jean, qui a pourtant
soixante ou quatre-vingt[s] kilomètres de tour. La rivière
Péribonka, que j'ai sous les yeux toute la journée, est bien une
fois et demie large comme la Seine. Inutile de dire que je
profite de mes rares loisirs pour m'y tremper pas mal.

Il a fait très chaud depuis trois semaines, mais le temps
change souvent, et il vente terriblement fort.

Tu peux donc m'écrire à l'adresse ci-dessus, car j'y serai
probablement quelque temps. Si tu m'envoies de temps en
temps un numéro du *Temps* ou d'*Excelsior* je t'en serai reconnaissant; mais pas trop souvent, car je suis à une dizaine de

kilomètres du bureau de poste, lequel est lui-même à une journée de voiture du chemin de fer, et les lettres et journaux ne m'arriveront guère que par paquets.][25]

J'espère que vous êtes tous bien et que cette lettre vous arrivera avant votre départ pour les vacances. Amitiés à tous trois.

Ton fils qui t'aime,

L. HÉMON

158. À MADAME FÉLIX HÉMON

Péribonka (Lac St-Jean)
Prov. de Québec, Canada
8 Août 1912.

Ma chère maman,

J'ai bien reçu la carte que tu m'as envoyée ici, dont merci, également la carte que Poule m'a envoyée de S[t]-Lo[26]. Il y a peut-être d'autres lettres pour moi au bureau de poste, mais je ne les aurai que dimanche.

[Je continue à me livrer aux travaux agricoles (en ce moment on fait les foins) avec un zèle convenable. L'air du pays et la diète locale (soupe aux pois, crêpes au lard, etc.) me vont à merveille. Mon « patron » et sa femme me traitent avec une considération extrême. (C'est la patronne qui me coupe les cheveux.) Bref je n'ai à me plaindre de rien; je commence même à me lever à l'heure habituelle (4h ½ environ) sans effort et comme une personne naturelle.][27]

J'espère bien apprendre de vos prochaines lettres que vous êtes tous bien et que vous vous préparez à prendre vos vacances.

---

25. Le texte entre crochets a été cité dans *Liaison XVI*, vol. 2, juin 1948, p. 347.
26. Marie Hémon était alors en séjour chez ses cousins Le Bourdon.
27. Le paragraphe entre crochets a été cité dans *Liaison XVI*, vol. 2, juin 1948, p. 348sq.

Tu as dû recevoir ma dernière lettre depuis quelque temps déjà. Je te demandais de m'envoyer quelques journaux par petits paquets de temps en temps (pas beaucoup, ni souvent, je n'ai guère le temps de lire). Si tu voulais m'envoyer aussi un numéro ou deux de *Je sais tout*[28] j'en ferais des politesses après l'avoir lu aux indigènes avec qui je suis en contact.

Depuis une quinzaine le temps, qui était auparavant très chaud, a tourné à la pluie, et l'on commence ici à parler de l'automne; pourtant je ne compte guère partir avant la fin de septembre.

Je ne vois rien d'autre à dire pour cette fois; mais je continuerai à envoyer des cartes de temps en temps pour vous tenir au courant.

Amitiés à Papa et Poule.

Ton fils qui t'aime,

L. HÉMON

159. À MADAME FÉLIX HÉMON

Péribonka
25 Août 1912.

Ma chère maman,

Depuis ma dernière lettre j'ai reçu ici une lettre de toi et une de Marie, ainsi qu'une ou deux cartes d'elle. Vous devez maintenant être ensemble à Beg-Meil, où j'adresse cette lettre. Je souhaite que Papa s'y repose bien et que vous n'ayez pas trop mauvais temps.

[Je continue à couler des jours paisibles ici. La température [*sic*] est assez mauvaise pour août, il a gelé plusieurs fois la nuit, et l'on commence à parler de l'automne comme si on y était. Le mauvais temps a eu au moins l'avantage de réduire un peu les moustiques, maringouins, mouches noires, etc., qui nous mangeaient vivants pendant la chaleur; ils sont

---

28. Hebdomadaire littéraire français auquel le quotidien montréalais *le Devoir* se réfère à l'occasion.

la grande plaie du pays. Il y a, à défaut d'autres fruits, abondance de « bleuets » (luces); les bois en sont pleins, et les bois ne manquent pas; il n'y a même que de cela. L'on ramasse donc les bleuets à pleins seaux, et l'on en fait des tartes, confitures, etc... Les canards sauvages commencent aussi à arriver; j'ai l'espoir d'en tuer (et d'en manger) quelques-uns, et en septembre avec un peu de chance nous aurons aussi des outardes. Le « patron » qui n'est pas très habile à se servir d'un fusil, me prête bien volontiers le sien, dans l'espoir que je remplirai un peu le garde-manger. Je dis cela pour apaiser Papa, dont je connais le cœur tendre; ici on ne chasse que pour se procurer de la viande. Il y a aussi des ours dans les bois tout autour de nous; mais ils sont poltrons autant qu'on peut l'être, et l'on n'en voit jamais d'assez près pour les tuer; ce sont les petits ours noirs du pays, qui ne sont dangereux que pour les moutons.

Naturellement la chasse ne remplit pas toutes mes journées; il s'en faut. Je ne manque pas d'occupations; mais elles n'ont rien d'écrasant ni de pénible.]

Je suppose bien que Beg-Meil n'a guère changé depuis ma dernière visite; vous allez peut-être y retrouver quelques anciennes connaissances. Profitez du bon air et engraissez, et, si vous êtes raisonnables, réjouissez-vous de savoir que je suis aussi à la campagne, sinon en vacances. Comme je te l'ai déjà dit, [je compte rester ici jusqu'en octobre.][29]

Amitiés à tous, et plus spécialement à vous trois.

Ton fils qui t'aime,
L. HÉMON

---

29. Le texte entre crochets a été cité dans *Liaison XVI,* juin 1948, vol. 2, p. 348.

160. À MARIE HÉMON

Péribonka (Lac St-Jean)
Qué. Canada
5 Sept. 1912.

Bonne Poule,

Merci de ta lettre, qui m'a couvert de confusion, puisque j'avais omis de t'écrire pour le 15 août[30]. Après tes divers déplacements à S[t]-Lo et St-Brieuc, te voilà, je suppose, à Beg-Meil. [Je ne suis pas au bord de la mer, moi, mais je suis encore plus « à la campagne » que toi. C'est une campagne peu ratissée et qui ne ressemble pas du tout à un décor d'opéra-comique; les champs ont une manière à eux de se terminer brusquement dans le bois; et une fois dans le bois, on peut s'en aller jusqu'à la baie d'Hudson sans être incommodé par les voisins ni faire de mauvaises rencontres, à part les ours et les Indiens, qui sont également inoffensifs.

Cela n'empêche pas que nous sommes hautement civilisés, ici à Péribonka. Il y a un petit bateau à vapeur qui vient au village tous les deux jours, quand l'eau est navigable. Si le bateau se mettait en grève il faudrait pour aller au chemin de fer à Roberval faire le tour par la route du tour de [sic] lac, c'est-à-dire quatre-vingt[s] kilomètres environ.]

Ce qui me plaît ici, Poule, c'est que les manières sont simples et dépourvues de toute affectation. Quand on a quelque chose dans le fond de sa tasse on le vide poliment par-dessus son épaule; et quant aux mouches dans la soupe il n'y a que les gens des villes, maniaques, un peu poseurs, qui les ôtent. On couche tout habillé, pour ne pas avoir la peine de faire sa toilette le matin, et on se lave à grande eau le dimanche matin. C'est tout.

[La « patronne », m'entendant dire un jour en mangeant ses crêpes qu'il y avait des pays où l'on mettait des tranches de pomme dans les crêpes, m'a dit d'un air songeur : « Oh oui ! Je pense bien que dans les grands restaurants à Paris on doit vous donner des mangers pas ordinaires ! » Et un brave

---

30. Anniversaire de naissance de Marie Hémon.

homme qui se trouvait là m'a raconté avec une nuance d'orgueuil [*sic*] comme quoi il avait été un jour à Chicoutimi (la grande ville du comté) et était entré dans un restaurant pour y manger, au moins une fois dans sa vie, tout son saoul de saucisses. Il en avait mangé pour une piastre (5 francs) paraît-il... Ah, nous vivons bien ! Nous avons tué le cochon la semaine dernière, et nous avons eu du foie de cochon quatre fois en deux jours; cette semaine c'est du boudin à raison de deux fois par jour. Ensuite ce sera du fromage de tête, et d'autres compositions succulentes.

J'arrête là, pour ne pas te donner envie.][31]

Amitiés à tous les gens de là-bas que je connais, à papa et maman, et toi. J'ai appris avec plaisir que l'agrégation n'avait pas trop fatigué Papa; si vous avez beau temps à Beg-Meil vous devrez en revenir tous trois en parfaite santé.

Ton frère,
L. HÉMON

P.-S. Je crois avoir oublié d'accuser réception de plusieurs lots de journaux, qui m'ont fait grand plaisir.

161. À MADAME FÉLIX HÉMON

[Roberval] 29 Sept. 1912.

Ma chère maman,

Voilà quelque temps que je n'ai eu de nouvelles, mais à vrai dire les communications ne sont pas des plus faciles et cela ne m'étonne pas.

[Depuis quinze jours je suis dans les bois au nord de Péribonka avec des ingénieurs qui explorent le tracé d'une très hypothétique et en tous cas très future ligne de chemin de fer. L'on couche sous la tente et l'on est toute la journée dans les bois, sorte de forêt demi-vierge où une promenade de quatre

---

31. Le texte entre crochets a été cité dans *Liaison XVI*, vol 2, juin 1948, p. 349.

à cinq milles prend trois heures d'acrobaties. D'ailleurs nous sommes très bien logés, comparativement, s'entend, et fort bien nourris, et tant que le temps est supportable c'est une vie idéale.

Je n'y étais allé que pour remplacer mon « patron », et après une semaine d'essai je me suis promptement fait engager. Cela durera tout octobre et novembre, probablement. Comme nous serons loin des villages tout le temps il y aura peut-être quelques difficultés pour la correspondance, mais continuez à m'écrire à Péribonka et je m'arrangerai pour que les lettres me parviennent.

Je suis revenu pour un jour à Roberval, d'où j'écris cette lettre, pour acheter diverses choses, couverture, etc., indispensables sous la tente maintenant que l'automne vient.

Naturellement je serai toujours reconnaissant de toute [*sic*] ce que vous pourrez m'envoyer à lire, car les soirées sont vides et pas mal longues; mais n'envoyez rien d'autre.

J'espère que vous serez revenu de la mer tout « ravitaillants de santé » pour parler canadien.][32]

Amitiés à Papa et Poule.

Ton fils qui t'aime,
L. HÉMON

162. À MADAME FÉLIX HÉMON

[Dans les bois au nord de Péribonka.]
1er Nov. 1912.

Ma chère maman,

J'ai bien reçu ta lettre, contenant les photos prises à Beg-Meil, qui m'ont fait grand plaisir. Bien reçu également une lettre de Marie et les journaux et livres, dont grand merci.

[Nous nous sommes momentanément rapprochés des maisons, mais nous allons nous en éloigner de nouveau sous quelques jours pour rentrer dans le bois. Le bois par ici est à moitié bois et à moitié savane; c'est-à-dire que quand il a plu

---

32. Le texte entre crochets a été cité dans *Liaison XVI*, vol. 2, juin 1948, p. 350.

surtout, c'est le cas, on est jusqu'au genou dans l'eau. La terre est couverte d'une couche de mousse qui a parfois plus de trois mètres d'épaisseur, et toute imprégnée d'eau; on marche sur une énorme éponge mouillée. De temps en temps pourtant nous coupons des collines dans les « grands bois verts », qui sont plus plaisants.

Aujourd'hui jour de la Toussaint et par conséquent congé j'ai passé la journée couché sur le dos dans la tente, à chauffer le poêle et à lire, fumer, etc... Il neige depuis hier et si cela continue nous devrons prendre bientôt les raquettes.

Nous aurons fini vers la fin du mois et je ne sais naturellement pas encore ce que je ferai alors ni où j'irai; mais ce ne sera pas bien loin pour le reste de l'hiver.

Tu peux continuer à écrire à Péribonka jusqu'à nouvel ordre; je me ferai expédier les lettres là où je serai.

Je suis content que vous ayiez [*sic*] eu un beau mois de septembre; ici quand il ne pleut pas il gèle déjà pas mal dur : deux à trois centimètres de glace sur les cuvettes de tôle le matin; mais j'ai suffisamment de couvertures, de bonnes bottes pour la savane, et tout va bien.]

Amitiés à Papa et Marie.

Ton fils qui t'aime,

L. HÉMON

P.-S. Tu peux dire à la cousine Louise que l'estimable métis Trèfle Caribou[33], ayant vu par hasard la photo qui la représente avec les autres cousines, a déclaré que c'était « une tannante de belle petite fille » expression canadienne qui ne vous paraît peut-être pas très claire, mais indique une admiration sans bornes.

L.H.

P.-S. J'ai oublié d'accuser réception des journaux et revues, que j'ai reçus assez régulièrement, et dont grand merci.

[Je crois aussi utile de vous recommander de mettre un frein à vos instincts généreux au moment du jour de l'an, et de ne pas m'envoyer de cadeaux, en espèces ou autres, qui ne me parviendraient probablement pas, car j'aurai déménagé avant cette époque.][34]

L.H.

---

33. Manifestement un camarade de travail de Hémon.
34. Les passages entre crochets ont été cités dans *Liaison XVI*, vol. 2, juin 1948, p. 350sq.

163. À MADAME FÉLIX HÉMON

Péribonka
30 Nov. 1912.

Ma chère maman,

J'ai bien reçu plusieurs cartes postales de Pau et autres lieux me tenant au courant de vos déplacements. Vous voilà revenus à Paris, je pense, pour l'hiver. Ici l'hiver est commencé et bien commencé; toutes les voitures d'été ont disparu depuis un mois déjà, et l'on ne voit plus que des traîneaux, car il y a déjà un bon pied de neige partout et il en tombe encore tous les jours. La rivière Péribonka s'est gelée, dégelée et regelée deux ou trois fois, et la voilà maintenant définitivement prise pour l'hiver et jusqu'en mai. Pour aller à Roberval, la station de chemin de fer la plus proche, il faut maintenant faire le tour par terre, soit une centaine de kilomètres; mais d'ici deux ou trois semaines le lac St-Jean sera suffisamment pris pour qu'on le traverse en traîneau, ce qui raccourcira le trajet.

Je ne suis pas fixé sur mon lieu de résidence pour le reste de l'hiver; mais tu peux continuer à écrire ici jusqu'à nouvel ordre. Inutile de parler de ma santé, qui continue à être parfaite.

À bientôt d'autres nouvelles.

Ton fils qui t'aime,
L. HÉMON

164. À MADAME FÉLIX HÉMON

Péribonka
16 Déc. 1912.

Ma chère maman,

La présente lettre devrait vous parvenir à peu près vers le 1er janvier; si elle est en retard, prenez-vous-en aux différents services des postes.

Je n'ai rien de nouveau à dire. [Le froid n'est pas excessif; ma santé continue à être tout ce que l'on peut désirer, crois-moi,

mêmes les savanes et la vie sous la tente dans la neige conservent
mieux que l'existence des pauvres citadins. Pas le plus petit
rhumatisme, pas la plus petite crampe d'estomac, rien n'est
encore venu me dire que j'atteins maintenant l'âge auquel les
sous-chefs de bureau songent à se ranger pour sauver les débris
de leur constitution.

Tu me diras que voilà bien des développements sur le
sujet du « moi ». Mais je sais bien que vous pensez souvent
à moi et je voudrais endormir au moins quelques-unes de vos
craintes.

Pour le reste, ne crois nullement que me voilà dans les
bois pour le restant de ma vie. D'ici très peu d'années, mais
après quelques pérégrinations toutefois, je repasserai rue Vauquelin[35]; même avant si j'ai l'occasion, et les moyens, de faire
le voyage avant le vrai retour. Je n'aurai peut-être pas beaucoup l'habitude des salons quand je retournerai, mais cela
n'enlèvera rien à notre contentement, au vôtre ni au mien.

Au pis, ma petite maman, il te faut donc te résigner à
recevoir encore deux ou trois lettres du jour de l'an écrites en
des recoins obscurs de cette planète. Les termes différeront
peut-être, les timbres aussi, mais j'espère bien que je réussirai
à vous faire sentir chaque fois que mon affection pour vous ne
diminue en rien, et que toutes les preuves de tendresse, et d'indulgence, et de générosité, que vous m'avez données, ne sont
pas oubliées.

Je ne crois guère aux souhaits; je préfère vous répéter
toutes les fois ce que je pourrai trouver à dire pour réduire
un peu les soucis que cette longue séparation peut vous causer.][36]
Pour Papa, et Marie, et toi, donc, tout ce qu'une lettre peut
tenir d'affection sincère et d'encouragement.

                              Ton fils qui t'aime,
                              L. HÉMON

---

35. On se souvient qu'il s'agit de l'adresse des parents de Hémon
    à Paris.
36. Les passages entre crochets ont été cités dans *Liaison XVI*, vol. 2,
    juin 1948, p. 351sq.

1913

165. À MADAME FÉLIX HÉMON

St-Gédéon Station
Lac St-Jean, Qué.
Can.
7 Janvier 1912 [1913].

Ma chère maman,
[Prière de noter ma nouvelle adresse, ci-dessus. Je suis ici pour deux ou trois mois. St-Gédéon est au sud du lac, et par conséquent deux jours plus près de la civilisation que Péribonka. J'ai quitté cette dernière localité fin décembre; il doit y avoir quelques lettres et journaux arrivés là et qui ne me parviendront ici que dans deux ou trois jours.

Le temps est beau. N'ayant pas de thermomètre, je ne sais pas exactement quel degré de froid il peut faire; mais je sais que c'est la température à laquelle il faut se cacher soigneusement la figure quand on sort. Je suis en effet dans les environs du 49e degré, et il fait pas mal plus froid qu'à Montréal; mais cela n'a rien de pénible.

Je vous disais dans ma dernière lettre que je n'avais aucun besoin d'étrennes d'aucune sorte. Je rectifie. Veux-tu avoir la bonté de m'envoyer le bouquin sur Ouessant : *Les filles de la pluie*[1], Librairie B. Grasset. Inutile de dire que je continuerai

---

1. *Les Filles de la pluie. Scènes de la vie ouessantine.* Récits sur l'île d'Ouessant par André Savignon, Paris, Grasset, 1912.
Ce livre de courts récits, dans lequel on trouve l'idée d'« une race qui ne sait pas mourir », pourrait bien être la source littéraire directe de *Maria Chapdelaine*.

à recevoir avec reconnaissance tous les imprimés quelconques que tu auras le loisir de m'envoyer.]² J'espère que vous êtes tous trois bien.

Ton fils qui t'aime,
L. HÉMON

166. À MADAME FÉLIX HÉMON

Saint-Gédéon *Station*
9 Févr. 1912 [1913].

Ma chère maman,

Bien reçu ta lettre, m'annonçant l'envoi des *Filles de la Pluie* et aussi d'un thermomètre ! Je souhaite qu'il arrive en bon état.

[À partir de la réception de cette lettre, tu feras bien de suspendre tout envoi de lettres ou journaux] jusqu'à ce que je t'ai[e] donné ma prochaine adresse. [Je dois en effet quitter Sᵗ-Gédéon vers le début de mars, pour une destination encore inconnue.]

Le mois de janvier a été très doux ici; il y a bien eu quelques froids, mais c'est toujours resté dans les environs de 15° ou 20° au-dessous. Mais février a l'air de vouloir se venger et depuis une semaine il fait froid pour de bon.

À part ça tout va parfaitement, si parfaitement que je n'ai guère de nouvelles à donner. [J'ai suivi dans les journaux canadiens, que j'ai entre les mains de temps en temps, l'élection présidentielle³, avant d'en avoir des comptes rendus plus détaillés dans les journaux que tu m'envoies, et qui ont continué à me parvenir très régulièrement, dont merci en passant.] Ta dernière lettre envoyée à Péribonka, et celle d'Alain⁴, me sont bien parvenues. [Je suis également les nouvelles de la guerre; mais les plus grands efforts d'imagination n'arrivent pas

---

2. Le texte entre crochets a été cité dans *Liaison XVII*, vol. 2, sept. 1948, p. 415.
3. L'élection de Raymond Poincaré.
4. Le cousin Alain Hémon.

à me faire prévoir une guerre générale prochaine. Il me semble me souvenir que trois ou quatre fois depuis que j'ai quitté Paris tu m'as annoncé que « ton entourage » prédisait la guerre à brève échéance . . . Ton entourage a perdu ma confiance comme agence de prophéties[5].

Si l'inattendu se produisait pourtant, ce qui arrive, je suis en bien belle condition pour faire campagne, après mon séjour dans les bois[6], et j'imagine que les rigueurs de l'hiver français, ou allemand, ne m'incommoderaient pas par trop.][7]

Papa est-il à Paris ? Poule est-elle toujours florissante ? Bonne santé à tous, et amitiés de

ton fils qui t'aime,
L. HÉMON

167. À MADAME FÉLIX HÉMON

Kénogami
Prov. de Québec, Canada.
12 Févr. 1913.

Ma chère maman,

[Comme suite à ma dernière lettre, annonçant que je comptais quitter St-Gédéon vers la fin du mois, je puis maintenant dire que ma prochaine adresse sera comme ci-dessus. Ce n'est qu'à une heure et demie de St-Gédéon par le chemin de fer, et par conséquent toujours dans le district du Lac St-Jean. Je retourne à St-Gédéon demain, mais serai de retour ici vers le 25 pour y rester tout au moins jusqu'au printemps. Toute correspondance, etc. peut donc être adressée à Kénogami dès la réception de cette lettre.

Kénogami n'est pas aussi sauvage que son nom indien pourrait le faire croire; il y a là principalement une très grosse

---

5. Certaines relations de Mme Félix Hémon avaient déjà, en d'autres circonstances, prédit la guerre.
6. Séjour avec une équipe d'ingénieurs et d'ouvriers pour étudier un projet de chemin de fer au nord du lac Saint-Jean.
7. Toute la partie du texte qui se trouve entre crochets a été citée dans *Liaison XVIII*, vol. 2, sept. 1948, p. 415sq. Les coupures avaient été faites par Marie Hémon.

manufacture de pulpe et de papier[8], dans les bureaux de laquelle
je vais briller de mon éclat ordinaire, jusqu'au printemps...
Car l'insupportable vie de bureau devient tolérable lorsque le
thermomètre reste dans les environs de 40° au-dessous, comme
aujourd'hui.

Ton ravissant thermomètre m'est bien parvenu; je l'ai
laissé à St-Gédéon, mais je crains un peu pour son existence
par ces froids. Le livre n'a pas encore fait son apparition[9].

Un thermomètre est d'ailleurs une chose décourageante.
Le matin où le tien m'est parvenu, tout le monde s'accordait à
dire que le temps était délicieusement doux, un vrai temps de
printemps, etc... Lorsqu'il a été accroché au mur de la
maison, il est promptement descendu à 25° au-dessous, et
naturellement j'ai commencé à sentir le froid beaucoup plus...]

Amitiés à Papa et Poule. [Protégez-vous bien contre
votre horrible climat, car j'imagine qu'il doit faire humide et
sale à Paris.][10]

Ton fils qui t'aime,
L. HÉMON

168. À MADAME FÉLIX HÉMON

Kénogami
Prov. de Québec, Can.
27 Févr. 1912 [1913].

Ma chère maman,

[Me voilà installé depuis quelques jours déjà à Kénogami,
dans le confortable et le luxe; mais... il se pourrait que je
m'en aille bientôt tout de même.

Jusqu'à nouvel ordre pourtant toute correspondance devra
être adressée ici.

Le temps est beau. Ton thermomètre pend dans ma
chambre; car après expérience j'en ai fait un instrument d'inté-

---

8. Price Brothers.
9. *Les Filles de la pluie,* dont il a été question dans la lettre précédente.
10. Cette lettre a été citée dans *Liaison XVII,* vol. 2, sept. 1948, p.
416sq.

rieur; comme thermomètre d'extérieur il était un peu insuf-
fisant, parce qu'il se trouve que ce mois de février est le plus
froid de tout l'hiver, et que le mercure du thermo[mètre] se
pelotonnait chastement dans la boule du bas et refusait de
monter sous aucun prétexte dans le tube gradué.]

Amitiés à tous. [J'écrirai de nouveau sous peu.][11]

Ton fils qui t'aime,
L. HÉMON

169. À MADAME FÉLIX HÉMON

Kénogami
Prov. de Qué. Can.
11 Mars 1912 [1913].

Ma chère maman,

[Quelques lignes pour vous faire savoir que je suis toujours
dans la plus radieuse des santés, et aussi que, m'étant maintenant habitué au tourbillon de la vie de Kénogami, je suis
bien installé pour jusqu'à juin.

Entre parenthèses. Tu m'avais bien dit que les *Filles
de la pluie* étaient de mœurs légères. Elles se sont fait enlever
quelque part entre Paris et St-Gédéon. Te l'ai-je déjà dit?
Car elle[s] ne me sont jamais parvenues[12].

Le printemps approche, pour vous. Ici, nous en parlerons
dans deux mois. On n'est d'ailleurs pas pressé; vu que la
température actuelle est assez plaisante, et que la venue des
printemps, paraît-il, se manifeste à Kénogami surtout par l'apparition d'une boue prodigieuse, dont nulle autre localité au
monde n'a l'équivalent. Les indigènes en sont un peu fiers.

Je ne suis plus au Canada français que géographiquement,
étant entouré d'Anglais et de *Yanks*[13]. Car j'habite à l'hôtel

---

11. Cette lettre a été citée dans *Liaison XVII,* vol. 2, sept. 1948, p. 417.
12. Hémon finira par recevoir deux exemplaires de ce livre, comme
l'indique sa lettre datée du 26 avril 1913.
13. *Yanks*: expression familière pour désigner les Américains.

que la Cie [14] a fait édifier pour son personnel, hôtel somptueux
d'ailleurs et infiniment confortable : chauffage central naturellement, électricité, bains [sic] partout. Aux repas, du
dindon et poulet rôtis, des oranges, etc. importées directement
de la Jamaïque, etc. Cela me change de Péribonka : mais
j'étais tout de même plus heureux sous la tente.][15] J'ai bien
reçu des journaux récemment, dont je te remercie, et *Je sais tout*.
     Amitiés à tous trois, et bonne santé.

                                   Ton fils qui t'aime,
                                        L. HÉMON

170. À MADAME FÉLIX HÉMON

                                   Kénogami, Qué.
                                        Can.
                                   22 Mars 1913.

Ma chère maman,
     J'ai bien reçu tes cartes, lettres et journaux, aussi bien
ceux qui ont été à St-Gédéon que ceux qui sont venus directement ici. Merci pour le tout.
     [Merci] également [de ton offre de souscription pour des
fourrures. Des fourrures ! Seigneur, qu'en ferais-je ? D'abord
le printemps arrive; ensuite j'ai fait deux hivers canadiens avec
un bon vieux pardessus qui avait déjà deux ou trois ans de
service à Londres, et je ne m'en porte pas plus mal. Enfin
des fourrures seraient terriblement encombrantes pour moi dont
c'est l'ambition principale de pouvoir promener toutes mes
possessions terrestres dans un sac de voyage, sinon dans mes
poches. J'y suis arrivé à peu près maintenant et ce ne serait
guère le moment d'augmenter ma garde-robe d'objets aussi
peu indispensables.][16]

---

14. La compagnie Price Brothers, déjà mentionnée.
15. Cette lettre a été citée dans *Liaison XVII*, vol. 2, sept. 1948, p.
    417sq.
16. Le paragraphe entre crochets a été cité dans *Liaison XVII*, vol. 2,
    sept. 1948, p. 418.

Cela dit, je peux bien t'avouer que le bureau de poste de Kénogami est assez civilisé pour connaître l'usage des mandats. (Celui de Péribonka aussi, d'ailleurs. Ce n'était qu'une ruse habile pour me défendre contre des largesses intempestives.) Mais je n'ai besoin de rien.

Nous avons eu quelques jours de temps doux, et de la pluie, la première pluie. La neige a commencé à fondre; mais cela n'a duré que deux jours; le vent du Nord-Ouest a repris et aujourd'hui il fait de nouveau un temps confortable, du soleil et 15° au-dessous.

J'ai noté avec regret les mauvaises nouvelles des cousins et cousines de la rue Gay-Lussac[17].

Amitiés à Papa (j'espère qu'il supporte bien ses tournées), Poule (il y a bien longtemps qu'elle ne m'a pas écrit), et toi.

Ton fils qui t'aime,
L. HÉMON

171. À MADAME FÉLIX HÉMON

Kénogami
26 Mars 1913.

Ma chère maman,

Je n'ai jamais songé à te demander si tu avais bien reçu la malle qu'en quittant Londres je t'avais envoyée, contenant des papiers.

Si oui, veux-tu me rendre le service suivant :

[Tu trouveras parmi ces papiers, s'ils existent toujours, un paquet marqué, je crois, à l'extérieur « *M. Rip.* ». Tu l'ouvriras et tu y trouveras un manuscrit dactylographié portant le titre *M[onsieur] Ripois et la Némésis*. Je crois qu'il y a deux exemplaires de ce manuscrit. Veux-tu m'en envoyer un, de suite [*sic*], en faisant attention qu'il soit complet. Je ne me rappelle plus si les feuillets avaient été reliés ensemble mais il doit y avoir 230 à 250 pages dans le manuscrit complet.

---

17. Il s'agit de la famille de Louis Hémon (le député).

Tu n'as qu'à me l'envoyer ici, comme papiers d'affaires recommandés.

Célérité ! Discrétion !][18]
Tout va bien. Tempête de neige aujourd'hui.

Ton fils qui t'aime,
L. HÉMON

172. [À LA FAMILLE HÉMON]

Kénogami
28 Mars 1913.

[Changement de domicile. À *Montréal* à partir du 1er avril. Je prendrai les mesures nécessaires pour que la correspondance déjà en route y soit expédiée. Mais à partir de la réception de ce mot, écrivez à Montréal, Poste Restante.

Les papiers que je demandais dans mon billet d'il y a deux jours devront également être envoyés à Montréal[19].

Tout va bien, neige, neige, neige.][20]

Amitiés à tous trois.
L. HÉMON

173. À MADAME FÉLIX HÉMON

Poste Restante, Montréal
7 Avril 1913.

Ma chère maman,
Me voici à Montréal depuis quelques jours déjà. Mon adresse ici est pour le moment 201 rue St-Christophe, mais

---

18. Le texte entre crochets a été cité dans *Liaison XVII,* vol. 2, sept. 1948, p. 418.
19. Le manuscrit de *Monsieur Ripois* qu'il a demandé dans la lettre précédente.
20. Cette lettre a été citée dans *Liaison XVII,* vol. 2, sept. 1948, p. 418.

continue à tout m'adresser *Poste Restante.*

J'ai laissé Kénogami encore enterré sous la neige, naturellement, et voici qu'à Montréal je trouve les trottoirs et les rues déjà déblayés, comme en été. Il fait pas mal froid et il neige encore un peu tous les jours; mais c'est le printemps tout de même comparé à ce que c'était là-haut; j'ai les impressions de quelqu'un qui fait un voyage dans le midi — tout est relatif.

Rien de changé à Montréal; j'ai retrouvé des connaissances de l'hiver dernier. Je serais bien resté un ou deux mois de plus à Kénogami, mais j'étais arrivé au mauvais moment; on a commencé à réorganiser les choses peu à mon goût, alors j'ai pris le train.

Amitiés à Papa et Poule.

Ton fils qui t'aime,

L. HÉMON

174. À MADAME FÉLIX HÉMON

Montréal, 201 St-Christophe
20 Avril [1913].

Ma chère maman,

Quelques lignes pour te faire savoir que tout continue à aller pour le mieux dans le meilleur des monde-(réals) possible. Ah ! Ha !

Ce matin les rues étaient couvertes de neige; mais le soleil est venu nettoyer les trottoirs. Il fait beau, mais encore assez froid; je ne quitterai pas Montréal avant le commencement de juin, quand la belle saison chaude sera venue pour de bon.

J'ai bien reçu une lettre et un paquet de journaux transmis de Kénogami; également une carte m'avertissant qu'un paquet m'attendait à la douane. Était-ce *Les Filles de la Pluie* ? Toujours est-il que, de plus en plus volages et incertaines, elles n'ont pas encore fait leur apparition à Montréal. Je poursuis des recherches, tant ici qu'à Kénogami, Chicoutimi et autres lieux, et je ne désespère pas de les trouver enfin.

Avec les descentes de Zeppelin et les « incidents » de
Nancy[21]; vous avez l'air pas mal agités, de votre côté de l'eau;
sans compter les grèves Belges [*sic*], et les facéties des suffragettes en Angleterre ! Il faut venir sur le nouveau continent
pour goûter la paix des existences heureuses.

Amitiés à Papa et Poule.

Ton fils qui t'aime,
L. HÉMON

175. À MARIE HÉMON

Montréal
26 Avril 1913.

Bonne Poule,

[Tu ne manques pas d'une certaine impudence, de prendre connaissance de manuscrits strictement privés. Mais ce
que j'ai à dire là-dessus ne peut vraiment pas s'exprimer par
écrit; je donnerais bien une piastre pour cinq minutes de conversation avec toi, même par téléphone. Voilà trop longtemps
que je t'ai quitté[e], Poule; tu es devenue d'une importance
et d'un sans-gêne stupéfiants.

Au reçu de cette lettre, tu vas remettre dans ma malle
tous les papiers que tu as pu y prendre. Tu refermeras ladite
malle, et tu écriras sur le couvercle « Tabou ». Ceci te servira
de mot d'ordre. Si j'envoie d'autres papiers à Paris, tu les
mettras dans la malle sans seulement glisser le plus petit coup
d'œil sous la couverture. J'ai dit.

Une bonne histoire ! J'ai trouvé hier soir sur ma table,
en rentrant chez moi, les *deux* exemplaires des *Filles de la
Pluie*. Parfaitement. Arrivés ensemble de quelque cachette
mystérieuse, à Chicoutimi ou ailleurs. Deux exemplaires du
même livre, ça me donne la sensation de la vie à grandes guides !

Le manuscrit que tu m'as envoyé[22] m'est bien parvenu,
et en parfait état. Merci.] Non ! Il ne paraîtra pas ici ! Si

---

21. Incidents précédant la guerre de 1914.
22. Le manuscrit de *Monsieur Ripois*.

tu connaissais le Canada français, tu n'émettrais pas de supposition aussi comique.

La dernière fois que j'ai écrit à Maman, je crois me rappeler qu'il y avait de la neige dans les rues : aujourd'hui, et à vrai dire depuis trois jours, il fait dans les 30° au-dessus, tout le monde sue, souffle et s'essuie. Mais il peut neiger encore la semaine prochaine.

Tout continue à aller fort bien : santé et le reste. [J'en ai encore pour cinq à six semaines de Montréal, probablement.] Amitiés à Papa et Maman[23].

Ton frère,
L. HÉMON

[P.-S. Je ne blague pas pour mes papiers. Laisse-les tranquille[s].][24]

176. À FÉLIX HÉMON

Montréal, 19 Mai 1913.

J'ai bien reçu ta lettre du 3 mai, contenant une lettre à moi adressée[25], et ouverte. J'ai également pris bonne note de tes explications à ce sujet. Que cette lettre ait été ouverte par erreur, dans un moment de hâte, je peux le croire, encore que mes noms et prénoms, clairement étalés sur l'enveloppe, rendent déjà cette supposition difficile : mais que une fois ouverte, en face d'une lettre qui commençait « Cher Mr. Hémon » et écrite en anglais, on en ait pris connaissance à loisir au lieu de se reporter à l'adresse, etc … je regrette de ne pas trouver en moi la candeur suffisante pour trouver cela

---

23. Dans l'original Hémon a d'abord écrit Poule puis a rectifié au-dessus.
24. Les passages entre crochets ont été cités dans *Liaison XVII,* vol. 2, sept. 1948, p. 419sq.
25. Cette lettre venait de Mrs. Philipps, sœur de Lydia O'Kelly. Ne connaissant pas l'adresse de Hémon à Montréal, Mrs. Philipps avait adressé sa lettre à Paris, rue Vauquelin, avec prière de faire suivre. Félix Hémon décacheta l'enveloppe, prit connaissance de son contenu et réclama « les plus complètes explications ».

vraisemblable. L'ouverture de cette lettre a pu être une erreur, sa lecture n'a été à coup sûr qu'une grossière indélicatesse.

Et, cédant une fois de plus à cette soif d'intervention ineffective et platonique que vous considérez évidemment comme un devoir, vous demandez les plus complètes explications. C'est bon.

Il y a une petite fille — de quatre ans — dont je suis assurément le père. Il n'y a eu en l'espèce ni mariage, ni séduction (loin de là). Si la mère mérite de l'estime ? Et l'estime de qui ? J'imagine que vous et moi ne voyons pas ces choses-là de la même manière. La question ne se pose même pas; autrement j'aurais répondu oui. La question ne se pose pas parce qu'elle mérite à coup sûr la pitié, car elle est à présent à l'asile d'aliénés de Hanwell, et atteinte de folie probablement incurable. C'est sa sœur, la tante de l'enfant, qui en a pris soin. C'est d'elle que venait la lettre que vous avez ouverte. Il se trouve précisément que sa lettre s'est croisée avec une de moi, dans laquelle je lui envoyais de l'argent; car il va sans dire qu'elle a été payée pour sa peine; pas très régulièrement il est vrai, pour des raisons qui se comprennent toutes seules.

Vous n'avez jamais eu à intervenir là-dedans parce que je considère que cela ne vous regarde en rien. J'ai mon code. Tout comme vous. Je fais ce que je pense devoir faire; et quand il s'agit d'une chose qui regarde moi d'abord, j'entends non seulement faire ce que je veux, mais encore que vous fassiez ce que je veux; c'est-à-dire rien. C'est facile, commencez [tout] de suite.

Il y a une phrase malheureuse dans ta lettre. Magnanime, tu veux bien me dire que tu parles ou plutôt que tu écris sans indignation et sans colère. Tu es bien bon. Bien bon de refouler ton indignation en une affaire dont tu ne sais rien. Bien bon de contenir ta colère à la pensée de ces débordements effrénés que sont évidemment la venue lamentable d'un enfant dont personne n'a voulu, l'accouchement, les mois de nourrice, sous une menace de folie. Oui ! je me suis bien amusé ! Et quand tu t'écries : « Voilà à quoi aboutissait notre longue complaisance ! » Je ne peux y comprendre qu'une chose, c'est que tu fais allusion à l'argent que j'ai été en effet un **imbécile**

et un lâche de prendre si longtemps. Si tu te désoles de penser
que ces subsides m'ont aidé à payer les dépenses de l'enfant,
je n'ai rien à dire. Je te laisse ce regret pour ce qu'il vaut.
Car dans tout cela il faut mettre toute hypocrisie de côté; même
la morale bourgeoise ne blâme dans ces choses-là que la venue
de l'enfant, et non le père pour n'avoir pas vécu dans une
invraisemblable chasteté.

Une fois de plus je ne vous demande rien et vous n'avez
rien à faire. Je ferai ce que je pourrai faire et ce que je pen-
serai avoir à faire à ma manière, sans contrôle et sans conseil.
Et je ne vous conseillerai pas de tenter quoi que ce soit en
dehors de moi et malgré moi. N'y revenez plus.

Je m'arrête ici, et j'aime autant garder pour une autre
lettre ce que j'ai à dire de mon départ de Montréal, dans trois
semaines environ. Comme on se connaît et comme on se comprend mal entre parents et enfant ! Je vous fais de la peine
à chaque instant, et à chaque instant vous dites ou vous faites
quelque chose qui m'éloigne de vous.

Affectueusement tout de même.

L. HÉMON

177. À MADAME FÉLIX HÉMON

Montréal
24 Juin 1913.

Ma chère maman,

[Je pars ce soir pour l'Ouest[26]. Mon adresse sera :

« Poste Restante » *Fort William (Ontario)* pour les lettres
partant de Paris pas plus tard que le 15 juillet. Ensuite :

« Poste Restante » *Winnipeg (Man.)* pour les lettres partant de Paris pas plus tard que le 1er août. Après cela je vous

---

26. L'enveloppe est cependant oblitérée : *Montreal, Que., June 26,
6 p.m., 1913.*

aviserai. Marquer toutes ces lettres dans le coin :
   « *To await arrival* ».

Amitiés à tous.

L. HÉMON

P.S.   J'ai envoyé à votre adresse (mais à mon nom) trois paquet[s] de papiers, comme papiers d'affaires recommandés. Mettez-les dans la malle, avec mes autres papiers, s.v.p.][27]

L.H.

---

27. Cette lettre a été publiée dans *Liaison XVII*, vol. 2, sept. 1948, **p.** 420.

INDEX DES NOMS CITÉS

Les chiffres renvoient aux numéros des lettres. Les renvois accompagnés de la mention « n » surmontée d'un chiffre en appel précisent que le nom est cité dans la note.

TABLE DES ILLUSTRATIONS

TABLE DES LETTRES

Achevé d'imprimer
sur papier Rolland Zéphyr antique
par Pierre Des Marais Inc.
à Montréal, le 2 avril 1968